謝明杰 著

愛的覺醒

老神再在 II

當你無法做抉擇時，來跟我說說話吧。
我總是可以引領你得到你所需要的；
或許不一定是你當下想要的，
但是絕對是對你有幫助的。

〈推薦序〉

為自己創造生命的奇蹟

張鴻玉

多年前，尼爾．沃許的暢銷書《與神對話》讓我深受感動，認為那是一本開啟人心靈的著作。二〇一〇年五月，在閱讀了明杰所寫的《老神再在：奇蹟對話錄》後，驚豔之餘，書中句句精采且充滿了智慧的對話，讓我忍不住打心底裡讚嘆：「這帥哥還真是開悟呢！」

所謂「與大我對話」，指的就是我們與「自己內在」的溝通。喜歡新時代思想的朋友們都知道，所謂「內在的自己」，會因著我們不同的信仰而被賦予不同的稱謂，譬如上帝、天父、真主、聖靈、心靈的本質、大我、真我、內我、靈魂、潛意識、更高的自己、一切萬有、一體意識、靈性意識、光之靈……不管你是如何稱呼這種來自內我最崇高的力量，總而言之，這個偉大的「祂」，其實說的就是你自己，而你，就是那個無所不能的「神」。受制於五官的感受，人類過度信賴理性與邏輯，因此阻礙了天賦的本能，無法體會自己所擁有的神奇力量，更無法相信原來自己就是「神」的化身，自己原本就擁有佛陀的慈悲與智慧，自己就是宇宙與命運的創造者。

《老神再在》是一本充滿了光與愛的作品。飽受人生挫折的明杰，在生命最黑暗與最潦倒的時刻，接收到了來自內在的聲音，感受到了不可思議的力量，因而提筆記錄了自己與內心對話的過程。明杰逆轉生命的故事，再一次印證了佛陀的開示：「萬法唯心造。」除非我們願意為自己的生命負起責任，開始觀照自己的「所思、所言、所行」，否則我們將無法體會出，原來我的思想，真的掌控了自己的命運，而撰寫自己「悲慘人生」腳本的人，正是自己。

當我們學會了「有意識」地去覺察生活中的一切，就會了悟到，原來生活中所發生的困境與挫折並非偶然，而是我們「無意識」地用自己負面與悲觀的「想法」所建構出來的。許多人不但喜歡批判自己、不斷說氣餒的話，同時還常拿自己去和他人比較、嫉妒別人的成就，並且對生活充滿了恐懼與焦慮……不論如何，一旦我們決定從「心」看待自己，開始欣賞自己、讚美自己，不再充滿批判與懷有罪惡感後，神奇的事情就會發生了。我們不但會擁有「受恩寵」的感覺，還會開始感受到一種莫名的安全與信任；更重要的是，我們終於清楚明白：「除非我們先開始喜歡自己，否則就算神一直鍾愛著我們，我們也無緣體會得到。」

明杰在書中寫到：「一旦你認識了自己的神性，你就會清楚我們唯一需要『拜』的神就是自己。」崇拜權威，不但不會使生活變得更平安，反而讓我們喪失了自己的勇氣與力量，並且無法了解命運與自己的關係。生命是一個不斷「自我了解」的過程，除非我們願意深入探索自己，否則我們將無法發現生命的意義與真相。

閱讀《老神再在》，讓人領會到明杰的纖細與睿智，我相信，藉著這種高度「覺知」與「有意識」的自我對話，明杰將逐一釐清自己在生命中所遭受的種種疑慮與困惑，進而獲得靈魂的療癒與救贖，將生命推昇到更高的層次。

去年，《老神再在》出版後，廣受讀者熱烈的喜愛與迴響，如今，我相信許多讀者都與我一樣，對明杰《老神再在》第二集《愛的覺醒》都抱著相當大的好奇與期待，心想：「這一回『神』將會帶給我們什麼樣的啟示？」

我有幸為這本書寫序，因此取得先機，早讀者一步閱讀了有關這本書精采的內容。但此刻，我寧願把會帶來驚喜的內容留給讀者們自己去品味這心靈的盛宴。現在，我建議讀者端杯香噴噴的熱咖啡，找張舒適的沙發坐下來……開始慢慢享受這美妙的心靈之旅吧！

（作者張鴻玉，現任中華新時代協會心靈輔導師、印度奧修多元大學個案諮商師。著有《愛他，就讓他做自己》、《愛自己的七堂必修課》、《其實你不懂我的心》、《你的珠寶盒夠大嗎？》等書。）

〈推薦序〉

帶動心靈奇蹟的書

許麗玲

剛開始閱讀時，有些難以進入狀況。讀了好一會兒，就只是作者一場無疾而終的戀情?!透過文字，還是無法對那位千年不遇的女主角有真實的想像。只覺得作者不停地向他內在的神呢喃著他的情傷與困頓。

但奇怪的是，我並沒有因此而放掉閱讀，仍然緩慢地跟著對話的內容前進。就在連自己都好奇哪來的耐性時，我發現自己不知何時也開始展開內在的對話：「天涯何處無芳草，放下就是了嘛！」這聲音出現時，我正渴望從文字中多得到一些關於女主角的描述，好來支持我繼續看下去：「如果她真的如此美好，那說服我吧！否則就換個主題！」有趣的是，我也同時聽到另一個聲音的回應：「妳會不耐煩是因為妳在逃避！」

「什麼?誰說我在逃避?他失他的戀，關我什麼事！我只是不耐煩這文字繞來繞去的都是呻吟之聲。」「是啊，妳不喜歡因愛而呻吟！因為那令妳覺得沒面子，沒自尊，所以妳會不耐煩！……」

這話說得令人無言以對，但也因而引動我對這本書的興趣。於是，我整整用了一星期的時間，完全沉浸在書中那直指人心的對話；更令我驚奇的是，我也在短短的七天中經歷了一場重要的內在改變。

這本書具有神奇的力量，它可以讓人在閱讀的過程展開內在心靈的對話與省思。相信《老神再在II》會再度為成千上萬讀者帶來更多不可思議的奇妙改變！

（作者許麗玲，法國高等研究實踐學院宗教學博士，研究巫術信仰與道教傳統中的治療儀式，並跨及心理學、社會學、文化人類學及神祕主義。著有《巫路之歌》、《老鷹的羽毛》。）

〈推薦序〉

走在回家的路上

顏嘉琪

看第一本《老神再在》的時候，很喜歡和明杰溝通的「老神」，喜歡祂的幽默睿智，不說教的開示。我跳過基督教的名詞和字眼，找到內心和祂的連結。我很開心的領悟，相信宇宙間發生的事都不是偶然的，都有超越表象的意義，也都包涵了我的意識和潛意識的了解在內。

看第二本《老神再在》的時候，「老神」成了我的佛陀，成了我的上師，成了我的心理師，深深觸動內在深處的真我。在古典吉他旋律的撥動下，我哭了。那是感動和感恩的淚水。我彷彿在讀一本白話文的《金剛經》，空性在不可言喻的狀態下，透過明杰的真情、坦率、犀利，和「老神」一問一答中露出玄機。原來修行是此時此刻，無時無刻，充滿活力，自在輕鬆；修行可以那麼簡單，那麼單純。

佛教徒莫不期待開悟，以渡眾生。然而一心嚮往開悟有時反倒令自己的修行卻步，因為那不是太執著，就是自信不足；也就是自己仍在「小我」層次打轉，忽略了和內在的神性、靈性、佛性交朋友。佛教徒如果太執著於法，一樣會迷途，我師父經常告誡弟子「貪法亦貪」。這個道理「老神」又讓我清晰的體悟。

這本書從明杰對一個心儀女子的迷戀開始。他的「老神」抽絲剝繭，讓我們看到「小我」有欲望，有恐懼，有執著，容易遽下判斷，這種無明使人陷入痛苦的深淵。男女之愛，若只停留在「小我」和生理的層面，愛情和激情遲早會褪色，關係自然會觸礁甚至破裂。透過對男女之愛的探索，「老神」帶我們遊走於各種人際關係間，像熟練的心理治療師為人療傷。我們因而明白，越在傷痛的關係背後，越埋藏著打開心靈寶藏的鑰匙。

過去二、三十年，我通過生命的體驗，結合入世的心理學和師父所教的出世之學，一直和有緣人分享一些安頓心靈的信念，但始終沒看到它們全都呈現在同一版面。如今，「老神」將佛陀、基督、大德、高僧、哲人、心理學家的智慧，透過明杰咄咄的質問，以平實、親切、易懂的話語，提供了開啟心靈的法門。「老神」的回答，我恍然大悟，原來下面這些耳熟能詳的句子，說穿了就是要帶出一個簡單而深遠的信息——「無條件的愛」：

——活在當下

——念念分明

——反觀自性
——愛人如己
——覺知念頭和情緒的升起
——你看到的世界是內在的投射
——每個人都有佛性
——你要對所有的問題負責
——批評別人，就是批評自己
——只問耕耘，不問收穫
——判斷和比較都是小我的把戲

這些對話疏通了一些似懂非懂的概念，讓我對宇宙實相的認識又進一程。我更確信，只要不執著於欲望，照顧「小我」絕非離經叛道。何況，「小我」還讓人們發揮創造力、想像力。我們要接納、包容、尊重「小我」，這和了知內在的真我是相重疊、相滲透的。

「老神」的訊息強調，無條件的愛必須從愛自己開始；不愛自己，不可能愛別人。聽起來好像老生常談，但「老神」告訴我們，無條件的愛不是縱容，不是溺愛，不是過度保護，不是放任不理，而是徹底信任生命的本質。只有如此，才能創造自己。面對人生的起伏，不管別人如何抉擇，都給以祝福，而且在他們絆倒時加以攙扶。你一定要能感受這份無條件的愛，你才懂得如何給。

看完第二本《老神再在》，「老神」不啻化成我內心深處的「母親」——她無條件疼我，信任我，尊重我，給我最大的自由。我可以有信心做自己想做的事，承擔所有的結果。但當我碰到艱險，只要呼叫求救，她就會用充滿智慧的方法，讓我看到問題，進而慢慢走出困境。這正是我對修行的期許。

走在「回家」的路上。哼著童年的歌曲，步履特別輕盈。感恩之情滿溢。

（作者顏嘉琪，美國密西根大學心理諮商學博士，美國明尼蘇達大學心理衛生中心資深心理治療師，現居香港。著有《一切都是緣：當心理治療師遇見密宗黑教》。）

目錄

〈前情提要〉

千年不遇

此刻我坐在電腦前面，想著不久前為了這第二本書，我在臉書上公開宣布要「閉關」好完成它——那已經是兩週前的事情了。這兩週來，我的心情經歷了重大的轉折，或許遠比第一本書出版後發生的奇蹟效應所帶來的影響為大。先說說這半年多來的「故事」吧！

第一本書出版以來，我認識了許多人，交了不少朋友，也經歷了不少奇妙的事。早在出版前的部落格階段，就有單位一口氣預購數百本的書籍、有牙醫師主動要免費幫我弄假牙、自動地有影片導演出現安排短片拍攝、自動地有工作團隊出現協助研討會開辦、自動地有法律顧問出現、許多靈性書籍的作者和單位邀約餐敘與分享……

坦白說，我這輩子沒有被這樣地對待過，一切的奇蹟是這樣水到渠成地發生和進行。我受寵若驚，從來沒有認真地思考過我真的會成為別人口中的「作家」。每每有人這樣介紹我，我仍會感到不自在，原因很簡單，第一本書根本是無心之作！

那是一個對生命徹底絕望之人在撰寫遺書的同時，「不由自主」的無心插柳；當然，那是神寫的，只是透過我的手。之後的部落格人氣和書籍的出版則是祂安排的奇蹟，於是一個半路出家的傢伙變成了一個他人口中的「大師」……這正是我最擔心的。確實，第一本書的對話出現之前，我的人生簡直是一場糊塗，我負債又失業，身無分文，與家人關係緊繃，情感上又沒有出口，每天幻想著「解脫」的來到，直到我終於再也受不了……然後對話開始，奇蹟醞釀，最後呈現。這本對話最先是改變了我——逐漸但卻是徹底的！

先是眼神，我以前的眼神是充滿殺氣的，總是一副「別惹我」的表情；因為這本書我走入內在，平靜的心靈和智慧的啟發讓眼神變溫和了。再來是說話的態度，尤其是說話，就別提以前是怎樣地言不及義和尖酸刻薄了，總是語不驚人死不休的以惹人嫌惡為樂事，可以極盡所能又毫不在乎對方感受的謾罵和羞辱，要真有地獄，我真應該先去拔舌頭。如果說我以前有任何一點可以跟「靈性」沾上邊的東西，大概就屬曾經有過的宗教洗禮了，只是教會生活並沒有持續很久。

「你真是冥頑不靈不可救藥！」這是親人常對我的嘆息。其實我仍是肉體凡胎，七情六慾、喜怒哀樂依舊是生活裡的常態。要是這樣的我能夠有被稱為「大師」的可能，那真是大家抬舉我了。直到我寫下令人震驚的前三張書稿，我的生命逐漸因祂而完整！因祂而飛揚！

我已經舉辦過幾場的研討會，從一開始不習慣參與者稱呼我老師，到現在我逐漸的接受，畢竟「老師」也只是一種稱呼。後來我雖然漸漸習慣，仍不敢以此自居，儘管我只是想分享我的收穫，我仍然要強調一點：那就是「**真正的老師是你自己**」，除了自己，別人「教」的都只是一種分享，直到你真正能夠以自己為師，你才會知道當一位好學生是多麼重要。

以上說的是我不堪回首的過去和上一本書所帶來的奇蹟。當然，這世界不會只有一種聲音，有掌聲就會有噓聲，而且來自四面八方，偶爾夾雜一點ＰＫ的火藥味；除了噓聲之外，更有人以匿名方式用「公權力」對我進行圍剿。令我更感覺到神的恩典的是，我的讀者竟然也包含那些在政府單位服務的公務人員，我相信是書籍的內容感動了他們，因而對我十分禮遇，自然也沒有為難我，我要對他們說：「謝謝你們！辛苦了！」

不久前出版社來電告知對岸已經取得第一冊的簡體版權，後來雖然沒有在陸上市，但我相信再過不久就會有數萬、或者數十萬人在大陸看見老神一書……屆時又不知會有哪些「奇蹟」展現？

這一切的一切，都是我掰出來的「事實」！

有人說老神一書是我「掰」出來的……

嗯……我同意！

那麼後面發生的這些「奇蹟事件」呢？怎麼解釋這些陸續發生且早已在書中為我預言的事情呢？

生命的展現便是內心信念的投射！

就當作這些奇蹟也是我在二〇〇八年就為自己預先「掰」好的結果吧！

所有人和事都是那樣令我感到新鮮和喜悅。在許多層面來說，我的人生進入了完全不一樣的境界和領域：我見識到網際網路串聯正面人心與負面效應的力量，即便是那些批判我的人也讓我感覺到，他們具有某種能量催促我去學習、去影響、去愛……謝謝他們以及所有曾經和仍在支持我的朋友與讀者！

這一切都是令我無比感恩的！生命至今幾乎不曾被這樣的厚待過，每每想及此處，就禁不住對神、對生命、對眾人表示感恩！

但直到我遇上了千年不遇的她……

我才驚覺，原來之前那些我所以為的奇蹟也只是開胃菜……

祂沒說錯！精采的還沒開始，這一切只是暖身而已……

現在，我坐在這裡，等待已經兩週沒出現的祂來跟我說說話。我不知道祂將在本書中談及怎樣的主題，似乎祂對本書有全新的主張，讓我對之前寫的內容加以保留。儘管我不知道要談些什麼，但是我確實知道，這一本書將會再一次引領我——也引領你，走向另一個層次的超越。

一、三生石上

嗯……你的前情提要很不錯，我喜歡你說的「千年不遇」……

老大祢出現了！祢非得玩捉迷藏的遊戲嗎？祢說過祢隨時都在，卻在我最需要時祢又不理我了……我已經等了整整兩個禮拜！

書籍出版後，你不也中斷了好些時日沒這樣呼喚我？其實我一直都在……你這些日子以來事情不少吧？

是啊！我應該說，事多卻不忙，因為我不喜歡忙亂，而一忙就難免亂。只是偏偏還是出現讓我心亂的事情，鬧得我心神不寧、七上八下的……

你願意說說嗎？

我……好吧！我……我想我戀愛了……

你說什麼？

我～戀～愛～了!!

怎麼？你受了什麼刺激嗎？

為什麼這樣說？

我想我該恭喜你！尤其是你年居不惑……只是，這可能不是你目前該有的狀態。

怎麼說？

並不是說你不該談戀愛，而是你的初衷並不恰當。你受制於你的感官而陷入迷惑，她的出現已經讓你心猿意馬，失去了該有的平靜。不過這對你和這本書的讀者來說，卻是一個很好的開頭。他們不一定會關心你的戀情，卻能透過因你戀情而起的這本對話找到調整情愛的方式。你們多半都有情感的問題，對情感的誤解已經讓你們的人生失去了更多的精采。

誤解？祢的意思像是說，我們都不懂情感？

你們不僅不懂什麼是情感，也都誤解了愛與愛情。**愛情與情感只是身體感官的覺受，就像思想和心情一樣隨時在變化著；而愛是情感的基礎，沒有愛，一切都不會發生**。少了身體的感官覺受，甚至連愛情和情感也無立錐之地。

祢說愛情和情感只是感官的覺受？愛情和情感難道不是由愛生出、由心感受？

在你對一切人、事、時、地、物產生情感或是愛情之前，皆是透過你的眼、耳、鼻、舌、身等感官，去擷取視、聽、味、觸等資訊；這些資訊累積在你的腦袋——或是意識當中，隨著時間和次數的增加，成爲一種意識當中的慣性，被植入了潛意識，所以才會有日久生情的說法。**所謂日久所生的「情」不過是「習氣的反射」**！這對象不只適用在人，也適用在時間、地點和物品，甚至是事情上，其實說穿了就是習慣罷了！

那一見鍾情又怎麼說？

你以爲你腦袋裡只有今生的記憶嗎？靈魂層面存放的資訊要比你想像得到的豐富多了，它會在遇到相應之對象時被觸動，平常時候多半是不出聲的；所以不是一見鍾情，而是在漫長的生命輪轉中，早已經見了無數回，只是遺忘了，直到又被喚醒罷了……

所以，所謂的情感與愛情真的不過是感官的作用？我一直認為那是透過「心靈」發生的……

如果一個人，五感都失去，最後甚至連意識也失去，只剩心臟還在跳動，你們不會將之稱爲死亡，但是你知道他對周遭的一切都已經失去了反饋。如果一個人從出生後就對周遭的一切不存在任何反饋，你認爲他對周圍的一切會有「情感」的存在嗎？那更別提到愛情了！這就是爲什麼那些修行者總是強調，去除「習氣」、「收攝感官」是多麼要緊的一件事。修行者要脫離這二元世界的羈絆，必須要先捨棄對之的情感，也就是「放下執著」，若不收攝感官、平息情感，習氣將難以除去，習氣難斷則我執難除，我執不除那還究竟個什麼涅槃？

咱們這本要開始討論佛法了嗎？那麼該如何斬斷習氣？

首先你得先覺察出自己的習氣，畢竟你無法打一場沒有敵人的仗。

祢把習氣比喻成敵人？我以為在祢眼中是沒有敵人的。

我確實沒有敵人，但是你們都有，我只是用你們「習慣」的方式去說明。我曾經告訴過你要超越這世界的挾制，其實你們最大的敵人不是這挾持你們的世界，更不是那些看不見的妖魔鬼怪，而是剛才說到的「習氣」，正是這習氣使你們被世界和事件綁架。

習氣起始並累積於你諸多的生命歷程裡，讓你受制於輪迴的深淵。**要中斷習氣，你必須先覺察到它的存在，然後有意識的練習著去調整**；我說練習，那是因爲多數人無法在一開始就克服，你們往往需要許多次的練習，對某些人來說甚至是許多世……如你的人生一樣，一切的發生都只是過程和經歷。

你有時候會留心到自己幾乎陷入某種習慣的循環，那只是讓你明白，這些都是練習的過程——練習中斷習氣。畢竟，若沒有習氣的產生，你又該如何練習終止它呢？只是在中斷習氣的練習前，你們更應該去修正的是自我批判；有太多人在克服某些習氣的路上跌倒，然後就陷入不斷的自責。

我可以再告訴你一次，**自責懺悔無益於你們的生命，如果你發現你又做了不恰當的事或說了不恰當的話，唯一有用的方式就是覺察並且修正，而非陷入不停的懺悔**，你修行的進步可以從你覺察和修正的速度檢視出來。

何為修行？又何謂覺察？

讓我先談談覺察。按照字面上的意思，就是「**清清楚楚地活著**」，這一份清楚**包含觀照自身內在的一切起心動念，像是內在有「另一個觀者」似的**。對許多人來說，這是不容易區分的：你以爲你是你，其實你只是把腦子（身體）當作是你。我曾說過，你們遠比你們所以爲的更大更宏偉，甚至可以超越這身體的限制，說的便是那一份內在如如不動的靈性；那一份靈性成爲一個觀者，注視著外界的一切發生，也注視著頭腦一切的念頭。所謂的覺察，便是用這一份靈性的眼睛去深深觀照。

這麼說，就是必須要先注意到內在有一個和「我、身體」分開的「靈性」？

沒有錯！許多人讀過《與神對話》或是《老神再在》，都深受感動，原因不是其文字特別優美或是洞見與眾不同，而是因爲那是一份來自內在靈性的聲音；這一份靈性超越一切世俗的眼光和制約，是萬物眾生和你們的「標準配備」，這一份靈性便是我——神——所賦予你們的，因此也可以說，你就是神！每一個人都是！除非你不承認自己的靈魂，或是將之出賣。

你們在靈性上都是平等的，而所謂的不平等，只有在非神的小我狀態下才會發生，所以你們可以在世間上觀察到如此多的不公平，由此可以證明這世間是屬於小我的，但這不影響每一個人內在靈性的存在。每一個被小我迷惑的人們，都會在生命中的某一個特殊時刻，走入心靈的世界，步向回家之路，特別是在他終於深刻體認到這世間幻象的虛無和痛苦時。

你的心不斷地被周圍的世界和事件影響著，起伏無常，變化莫測，因此才說人心難測。如果你只有一個心，爲什麼會有這樣多無常的變化呢？你可以在前一分鐘開心，後一分鐘落寞，哪一個才是眞的你呢？又，會問這個「心」是什麼的人是誰呢？

當你和自己深深地對話，尤其是透過文字書寫，你常會發現，文字似乎有它自己的意志似的，發展出和你原先設定不同的內容。那麼，那是誰在說話呢？又是誰的意志呢？你可以漸漸明白，所有的人都是神，所有的人都可以透過自我對話和神說話，從來就沒有自外於你們自己的神。

我按照我的肖像造人，並且已將一切你們所需的提供給你們，你們唯一需要的便是去喚醒那一份與自身內在靈性的合一，在這之前，你必須要先站在「分離」的觀者位置，以便注意到靈性與頭腦的差異。當你注意到了，我保證你會喜歡那一份來自內在深深的平安和狂喜，然後你會心甘情願地趨向合一，你會不只一次地努力好讓自己安住在那當下，哪怕只有片刻……

人的內心怎樣，行爲就怎樣。所謂的修行，其實就是修心。若只是爲了修正言行，那麼施之以恐懼的懲罰便足以達到目的；但是**修行不只是修正言行或是為了逃避恐懼，甚至也不是為了達到涅槃淨土，修行不應該有目的**。

很多人因有所求而修行，姑且不論所求爲何，單是有所求，就已經讓自己陷於失望之地；因爲「求」是基於「欲」的出現，那是一種放不下的占有。既然有欲，便有執著，因著執著，便生痛苦；而最大的痛苦又來自於「明知無法克服執著卻又要強逼著去克服，敗下陣來被執著綑綁了之後又開始批判自己」。你們一直是球員兼裁判與觀眾，演著一齣齣自己創造的戲碼。若要我說，像你們這般修法，又何須修行呢？追尋欲望去也就是了。

所以無求、無目的的修行才是正確的嗎？

沒有正確這回事。即便不是「正確」的方式，最後也將導入適當的途徑，只是如果皇帝都已經賜下官位給你，你還需要十年寒窗嗎？你知道我只是比喻。修行只是一個回家的路程，回家的路程千萬條，遠近各有不同，而到家也是必然！因爲最後你無法不到家，否則你無處可去。

至於回家路徑有哪些、風光景色如何……等，是無須掛慮的。在你自己的生命中，自會出現你最當初的選擇路徑帶你回家，那是在絕對中就已經和你對應了的，無需求，那道路（法門）自會出現。**每一個人都有適應其不同屬性的對應道路，而條大路不論東、西，皆與最高的宇宙大能——神，連接著，無有高低好壞之別，因此不應妄加分別論斷**；而在各自的路途中，即便看見了奇花異草也不應駐足，以致錯失了焦點。

一個眞正的修行人不會輕易表現出他的道行或是學問，甚至也無法從外型上去做分辨，他總是默默地將之行在自己的生活中；畢竟**道理是活出來而不是說出來的，**也因此那是極爲私人的事務，不由得他人置喙，所以大師都會建議**不要以貌取人，也不要因人廢言。要將領悟到的用來揚升自己而非檢視他人，**你很有可能因此錯過一位眞正的老師，這是學習放下分別念的開始。

在小我的影響下，分別心與目的論似乎已經變成你們的常態，即便知道不該有所分別，即便知道不該有所目的，甚至是那看似慈悲「爲眾生」的目的……但是「知道」和「悟道」往往有著巨大的鴻溝。

慢著……為眾生，難道也不對嗎？

爲眾生從來沒有不對！只是要在行有餘力並且甘心、歡喜、無求的狀態下才是恰當。但我看見的是，人們爲眾生付出的同時也在算計自己的口袋，若這是初衷，那便是交換，根本談不上修行甚至功德。尤有甚者，很多人爲了恐懼死後落入六道輪迴而修行，外在奉獻金錢付出心力，內在求的還是生前死後的平安，名之爲「積福德」。要知道，福德無從求得，只能修得，而修福德又需有無求之心。

如何知道一個人已經「悟道」？該由誰來認證？

當你抱持著「修行爲悟道」之心，已經是離道越來越遠了。眞正的修行者甚至應該要忘掉修行這回事，把名相拋諸腦後，而是將那一份與天道同步的思言行，做爲生活中自自然然的準則。一個修道者不需要任何他人讚賞，當他悟道也不求他人認證。他可以一言不發地或坐或走，沒有人知道他的來去，就像清風，除了留下徐徐的吹拂，來去沒有痕跡；但是後人會在記憶中，從他行爲的蛛絲馬跡裡終於看出他的道行。只是此時大多哲人已遠，只能在有限紀錄的斷簡殘篇中，去瀏覽一位有著至高意識的偉人。

難道沒有什麼方法可以免去生生世世的輪迴？

你們尚且不明白輪迴爲何，就想免去輪迴之苦……**輪迴之苦不是生生世世的生死輪轉，輪迴之苦當下即是，就是你當下的心心念念、思考模式、行為模式、生活習慣……用兩個字表示就是之前提到的「習氣」**。你們深陷習氣的輪迴而不自覺。

習氣的輪迴之說超越宗教，甚至連避談輪迴的基督教也無法否認。習氣的輪迴比佛家說的六道輪迴要更駭人。佛陀說得沒錯，生是苦，而習氣的輪迴便是生之苦的來源，若尚且跳不出這習氣的輪迴，又怎能期待脫離六道呢？

那我們要怎樣避免落入習氣的輪迴呢？我好像又問了相同的問題……

沒有關係！你們生生世世都有著相同的問題，直到你「了斷分別與習氣」（這被稱之爲涅槃的狀態）之前，不會終止！習氣不是一朝一夕養成的，除了斷過去的習氣，還要謹慎不要產生新的習氣。如果你已經覺察自己習慣性地落入某種行爲或是思想，下決心終止它！瞬間你就會有重生的喜悅，而方法只是簡單的「覺察」，時時刻刻清楚地對自己一切的「身、語、意」及「思、言、行」覺察！

難道那不算「逃避」習氣嗎？

是的！逃避習氣也是一種逃避，會逃避終究是因爲恐懼。**除了面對，為了消去恐懼而做的任何努力都是白費；但是當你面對，你就可以「利用」恐懼**。在這裡利用「恐懼」除去習氣只可以做爲一開始的方便，然後再用另一個更無害的習氣取代原有的習氣，因爲只有一個習慣能取代另一個習慣。隨著對「覺察心」的提升，習氣最後要完全終止，需做到無念想，也就是「忘記」你的所有習氣。儘管這對你們來說有相當的難度，但你一定可以透過時時刻刻對自己的覺察去注意到習氣的存在，並且透過練習去終止它，不論那是來自過去形成的或是正在形成的；並且在過程中你們要記住，你才是習氣的主人而非奴僕，否則也只是一再地遭受挾制罷了。

愛也是一種習氣嗎？難道愛不是與生俱來的能力？

愛確實是你們與生俱來的能力，但你們應用愛的模式卻已經變成你們的習氣。你稱愛爲能力，那麼你應當知道，當能力不能展現時，就是處在壓抑的狀態。

愛如洪水，只能給予出口，豈能壓抑？即便是你將之圍堵住了，也圍不住它蓄積的能量。很不幸的，我所觀察到的是：一般人在情感上大都處於壓抑的狀態，那就更別說有戒律的修行人了。偏偏愛又是與生俱來的能量，這能量若遭受壓抑，它必會尋求出口，尋不到出口便在體內衝撞，於是造就了你們的痛苦。所以你會發現，有些修行人不修沒事，越修越苦——因爲情感被戒律壓抑而非轉化。一般人不談戀愛沒事，一愛上就苦，也是因爲扭曲了愛情而導致愛的壓抑。

你倒是說說看我們怎麼的壓抑？

壓抑已經像是一種內在的反射，追溯根源仍是恐懼。這一份來自恐懼的壓抑，驅使你們戴上了層層的面具，然後隨之而來的是更大的恐懼——害怕顯露眞面目。小到言不由衷的談天，大到對愛情的告白與親情的交流。有多少次你看見心儀的異性卻不敢靠近，而有多少欣賞你的異性試圖接近你卻被你拒絕？至於對家人間情感的展現就更是壓抑了，這在東方社會很常見。你們太保守封閉了，甚至爲它找到了「含蓄」的說法，其實骨子裡就是壓抑。

拿你來說好了，長久以來，你一直不願意承認你對你的家庭深深感到可恥，讓你更壓抑這想法的，是你認爲對家庭感到可恥的想法是更爲可鄙的……最後你在意識上選擇遺忘，卻在行爲上赤裸地表現出來，甚至讓自己奇怪爲何對家人有如此的疏離感。

對不起！我沒打算提太多跟我家庭相關的事情。我想我可以保有一些隱私，談這些內容會讓我不自在……

我會尊重你，但是你也不要忘記，這仍是你一生所要面對的功課。在此生之前你做了這樣的勾選，除非你面對，否則境況不會自動消失；而且你曾經答應要以你一生的歷程，做爲你我對話的藍本，藉以幫助更多與你有類似境況的人得以超越。

我們一定要現在提嗎？

不必！但是不久後，你就得面對這功課。

聽起來似乎是個巨大的挑戰……但是現在我想先談談愛情。我想這一次我是來真的了！我不想再壓抑了！遇見她，我心裡竟出現過往以來從未有過的悸動和柔軟……我要深深地呼吸才能短暫平息這悸動……

我看得出來你受了很大的刺激，但這刺激其實是你自找的！你呼求，她出現，這也是這份對話開啟的主因。生命中最難以超越的項目中，除了恐懼和憤怒之外，情愛是其中最大的一項，這一本我們將要談談情愛——從你的愛情開始。我沒說錯的話，她的出現帶給你未曾有過的愛戀「感覺」，對吧！

完全正確！坦白說，過去我的愛情乏善可陳！我未曾有過「渾然忘我」的激情與全心融入的情感，總是表現得一副可有可無的模樣，有時即便對方熱情如火也會被我澆熄，必須承認這是前女友跟我分手的原因之一，她因此認為我不夠愛她。

愛的反面不是恨，也不是刻意的冷漠，而是「平常」，就像擦肩而過的陌生人那樣地毫無感覺。當日子變得平常，你們就難以察覺其中的愛了。我要問你的是：關於愛，你到底在怕什麼？

怕什麼？祢是說我害怕女人還是愛情？

都是！

開玩笑！我為什麼要怕女人？

好吧！你不是怕女人，你怕的是跟你談戀愛的女人，你怕在愛情裡受傷，偏偏你又是那樣的渴望……

我承認我之前對投入愛情有恐懼……

因爲早年被甩的傷害對吧？只是你以爲是你早年的情傷讓你恐懼投入愛情裡，

卻忘記另一個更確切的原因……我必須先說，對愛情，你的自我評價並不高，所以在你那只有孩子一般高度的愛情視角裡，你「不敢」追逐那高過你頭頂的女子；白話說，就是你只敢追求唾手可得的對象，甚至等著人家主動來靠近你。這些都無所謂，畢竟這都只是你的學習經歷，但是遺憾的是，從此你在愛情裡只會接受卻不再付出。

我好像又被祢修理到了……

能接受修理表示你還有得救，要知道，我可是來自原廠的技師。我要是不說，這些話可有誰能告訴你？你向來對這話題是三緘其口的，還老覺得沒人了解你……

但是祢這樣說，對我過去的女友很不公平。愛是沒有高低之分的，人不也是沒有高低之別的嗎？

我只是陳述我觀察到的事實，沒有批貶的意味。愛情確實沒有高低之分，只有態度之別；而人，**在靈性的層面上，也沒有高低之分，但進入這二元的世界，卻有覺**

性層次上的差異，這一點我將會在後面說明。由你過去在愛情當中的表現，可以知道你對愛情的表現層次並不高；當你少了那一份付出愛的熱情，表現得越平常，其實就是對你的恐懼欲蓋彌彰。在愛情當中過度的平常心和理性，正是恐懼的表現，愛情中你害怕展現「赤裸裸」的你，原因是：**你根本不知道你是你**。

希望祢不是指在床上。要是我會恐懼「赤裸裸」，那以前的那些「豐功偉績」怎麼來的？

你那許多的經驗並沒有什麼好說嘴的，你也說了其實那只是乏善可陳，因爲那是身體的需求多過心靈的依賴，完全出於無知的行爲，從來就不是眞正的愛。第一冊我說過，你們愛情的實相是「交換」，而一旦換到手，你們便開始依賴，直到賴不下去爲止，然後就換人……

我們會說是感覺變了，或說沒有感覺了……

那只是你們用來分開的藉口，你們永遠不可能「沒有感覺」。**所謂的「感覺變了」**

只是對方失去了合於你依賴的條件，而被甩的一方其實也只是因爲他失去了讓對方依賴的意願。

嘩！你真是一針見血！

依賴已經變成一種慣性。帶來執著，這是很多人在愛情或是婚姻中遭遇的困境。你們當中有多少人在一起到最後只是因爲「習慣了」，而非因爲愛？

又是習氣！有人解釋那是已經將愛情昇華為親情。

那是因爲，親情這不可分割的情感，你們是那樣理所當然地「習慣」和「依賴」著；當把「愛情」冠上「親情」的標籤，就可以合理化逐漸在「習慣」和「依賴」中減少的熱情，直到另一個更有吸引力或是更符合依賴條件的人出現……問題就會浮上檯面。你現在不也浮現相同的問題？你和之前的女友已經很久沒有了熱情不是嗎？直到你發現這位……

被祢說得像是我劈腿一樣！我可沒有。但是我承認我確實深深被她吸引，只是很遺憾，在還沒開始時就結束了……

你很失望？

那還用說！我為此，這兩週像是失了魂似的……已經至少有十二年的時間，我不曾對情感有過這樣的痛楚，我以為我已經對「情傷」免疫……

你那不叫免疫，你一直以來都是在逃避，不斷地對情感進行切割。你甚至連眞愛都沒經歷過，何來對情傷免疫？

祢當眞覺得我沒經歷過眞愛？

以我的標準來看，你有獲得眞愛，但是過去的你並不知道要珍惜，甚至可以說，你根本不知道你獲得的已經是眞愛，所以還沒學會付出的你就輕易棄守。要是你知道那是眞愛，你不會輕易撒手的。在眞愛中，你自己將會消失，與愛一起消融……

而過去的你卻偏偏是自我極強的人，老是企圖用你的價值觀強加對方身上，要是對方不就範，你就會發怒，到最後總是讓對方傷心離開……你過去在情感上遭遇的痛苦，不過是你「不解」她們爲什麼要離開你，你不只一次莫名其妙被判出局對吧？我說過，憤怒、恐懼、情愛是你的課題，也是很多人許多世都沒做好的課題。

說得好像我是個很差勁的男人……

唔……以前確實是。但是這兩年來，你已經可以成熟的處理感情問題，你對異性的說話態度變得溫和許多，而性格表現在各方面來說，也都有逐漸進步，這說明你正在重建你自己的「愛情評價」，也重建你的人格。

確實重建不少，幾乎是完全的心靈革命！那都是因為祢的關係……真是想不到這因一封遺書而開始的對話，竟徹底改造了我。

我可什麼都沒做……咱們只是聊聊天。

我有時候會回想起一些和前女友相處的畫面，我很難過我竟然這樣對待她們……過去的我確實很無知，現在我很感激所有曾進入我生命中的女人，雖然在過程與結果上，我並沒有合於她們對愛情的預期，但是她們都一樣愛我並且幫助我進步。但願她們沒有因為我當初的不成熟而受傷！但願她們都幸福……

幸好你還知道自己的斤兩，願意承認以往的不當，要不然這本書寫不下去，你將不需要我。我可以告訴你，你再也不會回到過去的你，或是回到過去待人處世的態度，因爲**經過擴張的心靈絕不會退回到原處**。

祢剛剛講到情傷，我這次的確有受傷的感覺……其實是表白後被拒絕的難過吧！我竟然在一切都朦朧未明時就讓自己心情飛揚浮躁……又在遭拒後落入萬丈深淵。好多次想找祢聊聊卻都不見祢回應……痛苦萬分！

你確定那時你有「用心」在要「找神講話」這碼事上嗎？還是根本就陷溺在一廂情願的相思裡？愛情最美之處就是在一開始時的朦朧，心中有人即是戀，只不過你這叫單戀，更確切地說是迷戀。看不出來當你陷入愛情這碼事時還挺專注的！

嘿～祢一直在取笑我，我並不認為這可笑！

你知道我每隔一陣子就會逗逗你，好讓你不會忘記幽默的重要，這一點尤其在追女人時有用。女人喜歡能逗她們開心的男人，不要忘記，任何時候，嚴肅都是一種病！世界將因爲幽默感而滑順許多。我看得出來你眞的很喜歡她，不是嗎？只是在你並不清楚「欣賞」、「喜歡」、「迷戀」與「愛」的差異前，你不會有機會品嚐愛情的全貌。

關於這部分，我很想聽祢好好敘述……

聽好，這些東西可是在學校裡沒教的。前面說過，情感只是一種感官的發生，欣賞、喜歡、迷戀，甚至是愛情都是，彼此雖有著程度上的差異，卻都是來自眼、耳、鼻、舌、身等感官的接觸引發。因著對二元世界的分別意識，感官的覺受讓你區分出好惡。欣賞、喜歡，或是嫌惡、討厭的好惡心，便在此生中的每時每刻被輸入頭腦並且記憶；所以，有可能你所喜歡、欣賞或討厭、嫌惡的，並不是你眼前的「標的」，而是你早已經種在腦袋裡的記憶。

例如你有可能曾經被某個人欺負，此後你遇到和他類似長相的人，你都會防範對方的行爲，但其實眼前的這一位可能充滿著善意；說穿了，你其實只是在嫌惡記憶中的那張臉，眼前的這一人卻莫名其妙地被你討厭了起來。欣賞和喜歡的感覺也是這樣的運作。**迷戀則是幻象化了的欣賞和喜歡，將心中的想像投射至記憶中喜歡的（人或事）畫面，並編織出完美的橋段**，甚至會在腦中出現浪漫的故事結構與圓滿的情節，說穿了不過是在自己腦袋的小宇宙上演著想像的戲碼！嚴重者甚至會出現精神與言行異常的狀態。你們多半說這是患了相思病，其實不過是由腦袋中的幻覺取代了意識掌控行爲以致脫序。

至於愛，我想討論這主題的書籍已經汗牛充棟，甚至我們的對話也已經有不少相關的問答。唯一我需要提醒你的是，**永遠要清楚愛情與愛是完全不同的！一個出自感官，另一個則出自靈魂。愛情是要完完整整的占有，它美好而狹隘；愛卻是要一無所求的給予，它的真善美宏大而無涯。這二者看似對立，卻是彼此相生**；愛情可以昇華出無私的愛，無私的愛也可以委身至狹窄的愛情。幸運的是，你們往往可以同時擁有……

對……只是對象不能一樣對不對？我是說，你很難同時給一個你想「占有」的人真正他要的自由。儘管我知道那是我對愛情的昇華該有的表現，但我對她的愛情仍是自私的，這一份自私不允許我讓她自由……

那你就等著下地獄吧！

什麼？

如果你無法在愛情中讓愛昇華出來，並且展現於對方和自己的對待上，尤其是對自己，你就已經扭動了地獄之門的門閂……

這樣就要讓我們下地獄？祢說過沒有地獄的！

確實沒有！但如果是這樣，你將會爲自己建造一個……你能想像一個沒有愛的愛情關係嗎？或是沒有愛的親子關係？人際關係？或是你和你的狗兒子的關係……我敢保證，要是沒有愛，你不可能投注任何心力在任何事務上，充其量只會投入時間，但是**你並不在那裡**！因爲時間只是虛幻的概念體。你就是愛的精微版……**愛不**

在，**你就不在**，對你而言，那就像是地獄一樣了……沒有了愛，你就創造了地獄，**所謂的地獄就是愛的不存在**。

聽起來確實如此!!你說得對極了!!我現在有滿滿的愛，但為什麼我感覺像是在地獄一樣？我痛苦極了……她幾乎占據了我這兩週全部的念想，我會不由自主地想起她，端詳她的相片，甚至為她寫詩……祢知道，我對她竟然有認識幾千年的感覺，一種莫名的吸引力……祢說我是迷戀我也接受，但最可恨的就是，我明知這是一份迷戀，卻又不可自拔……

你入戲很深呢！看來你是來眞的……你眞的「又」愛上她了……唉！你們倆的故事還眞是沒完……

祢說「又」是什麼意思？難道……

嗯……沒有一個你在今生相遇的對象是過去和你毫無瓜葛的。你會不只一次地和她相遇，這是你們約好的；但是如果我是你，我會按兵不動，以不變應萬變。

沒啥好不變應萬變，人家已經拒絕我了……死棋!!我不是那種死皮白賴的傢伙，被拒絕了還一股勁地黏！但是我很想知道有關她的信息，這兩週來她音訊全無……

你想知道些什麼？

一切！什麼都好！我甚至願意給出所有一切去交換她的消息……

你瞧！連交換都出來了……還愛哩！要是她的開心就是你別煩她呢？

那……我會滾得越遠越好……祢說過，在愛中能給出最好的禮物，就是「對方想要的」……

但那眞是你願意的嗎？剛剛不是還想著要交換？

不願意也不行啊！愛裡總要有犧牲，總要有人改變。如果我消失會讓她開心，我會願意犧牲我自己……

愛是犧牲？你眞的這麼想？

無求而完全地付出，難道不是一種為愛情的犧牲？

你們爲何要把一個如此自然而偉大的「行爲」嵌上一個如此悲壯的名稱？犧牲聽起來像是要損失極爲重要的東西，或是像從容赴義一樣；但是**真愛卻是讓彼此相生的，犧牲從來不必成為愛情的條件**。但我可以這樣說，直到你進入眞愛的殿堂之前，犧牲都會是你們對愛的價值觀之一，只是那從來不是眞的。

好吧！不算犧牲，因為是我願意的……我願意為了得到她的愛而做出改變！

呵呵～陷入迷戀的人都會說瘋話……你放心！她不會願意的，她最不想的就是有任何人爲她做改變甚至是犧牲，因爲就連她自己也不願意在愛中「被」改變。她將會因有所領悟而轉變，如果她選擇愛，她知道應該要愛的對象是「原型」而非「期望」中的對象。

所以我現在的「原型」並非是她所愛的？

嗯……很遺憾，的確是的！你不是她的菜……起碼目前來說是這樣的，你們此階段在許多層面來說都是不同世界的人。做爲一個誘發你心中的愛，她是很棒的對象；但是做爲伴侶，我會建議你愼重考慮……也許她的意向並非如此。

我大概可以知道祢的意思……祢是說，我目前的層次或生活水平尚未達到足以吸引對方的程度對吧？祢說我不是她的菜，眞是對極了！我只是清粥小菜，人家看不上……

這話挺酸的。要知道，一段關係的建立，很多的因素並非你可以控制，有些甚至是和你無關的，畢竟對方也有獨立的歷程選擇權。但我想問的是，爲什麼你求愛遭拒總會認爲是自己條件的問題？還有，爲何你總認爲愛是有條件的？

我想我還算有自知之明吧！我清楚自己目前的狀態。

是嗎？很明顯，你在面對愛情時，自我評價並不高。儘管愛情的條件說並非是空穴來風，但那並不是你的問題，每一個人有各自的人生道途選擇。若你目前的狀態並非在對方目前的選項中，能說那是你的問題嗎？

愛情難道一定要談條件嗎？那又該是什麼樣的愛？

我知道你希望我的答案是「愛情無條件」，但是很遺憾，愛情的確是有條件的，因爲愛情是美好而自私的，既有私心就一定有欲求，有了欲求還能沒條件嗎？**無條件的是愛，而不是愛情**。

孩子！人生是來找愛的，而**愛從來不在你自己之外的別處**！在這段尋尋覓覓的過程中，你將會從愛的表徵注意到自己愛的本質。**愛情只是愛的表徵，起源於感官，而愛的本質卻是超越一切眼界和語言所能描述的美好。你們沒有辦法不透過表象感官去逐步地認出愛的本質，進而活出那份本質**，也因此才會出現許多精采動人的愛情故事。只是你可以發現，精采動人的愛情故事幾乎都留有些許的不圓滿和遺憾，而且越是這樣的愛情越教人心生嚮往欲經歷之，那是因爲你們內在清楚知道，若不透過「烈愛傷痕」就難以憶起你們屬愛的天性。

孩子啊！你們所謂的愛情不過是一種「回歸於愛」的練習。你可以從許多愛情故事中發現，你們的愛情若不是起源於外在條件，就是因爲習氣相投。其實這一切都只是過程中的假象，直到你們終於回歸成爲愛的本質，關於愛的學習才會終止。

所以愛情只是愛的作用，而非愛的目的；愛是愛情的因，這一份因造就了一切有愛的果……愛情只是其中一項。

很好！很好！你領悟得很快。其實你現在知道得一點都不慢，這一本書將會幫助你釐清許多關於愛的迷思。

很快？我都快四十了，對愛還是一知半解……

放心！不慢……對有心探索的人，時間總是站在他那邊的，因爲愛可以讓時間停止……

愛的吸引力

昨夜讀了一首詩，一位僧人寫的，讓我好感動！我想跟祢分享……

這一世
我超脫靈魂的羈絆
轉世輪迴
只為再度與你相戀

這一年
我尋遍千山萬水
驀然回首
卻已是滄海桑田

這一月
我掃盡菩提落葉
不為續佛緣
只為斷了痴念

這一日
我埋葬前塵往事
再修梵行
奈何我心已亂了千年
（作／倉央嘉措）

詩很美，難得你也有如此感性的時刻。詩之美，美在有一個與其意境相呼應的心。正是你的心美，才能映照詩詞之美，這一份美只有在充滿愛的心中才能發現。

我跟她真的沒機會嗎……我該做些什麼才能獲得她的愛？……喔不！是愛情。

喔天啊～我幾乎像是搖尾乞憐般地要求施捨……感覺自己有點犯賤……

不要急，繼續做你現在做的，做好你自己，然後把一切交給時間。無常的宇宙裡，沒有一件事情不是在改變中的，這一切都不勞你費心！順隨的心態最終將會引領你獲得眞愛。相信我，你會獲得眞愛的——再一次！

耐心是一件好事情，在永恆的愛中不急於這一生一世。我說過你們都誤解了愛，尤其是愛情。在愛中沒有高下之別，也沒有卑微，何來搖尾乞憐的犯賤之說？用乞求只能得到卑微的同情，與愛情無關！只是你確實是在呼求愛，這是你們與生俱來的天性。而每一個人的愛都是熠熠生輝的，包括你的也是，只是因爲對愛情的不了解，而讓自己陷入了迷戀中。要知道，**迷戀才會有高低之別，而被誤解了的愛情也才會有不對等的對待。**

是啊！我看見很多愛情都是雙方在彼此對待上有極大的落差。

愛情由吸引出發，然後在生活中雋永，因著這一份雋永讓愛情得以昇華——變成愛！昇華後的愛情是沒有所求的，彼此的付出或是接受都是甘心情願，就像是家人一般，但卻又不同於家人相處那般的慣性。

不論是愛情或是親情，不能因爲對方沒有付出或感受不到那份付出就稱對方沒有愛，因爲每個人都有獨立一套解釋與表達愛的方式。你們若在愛中有抱怨或痛苦，多半是不理解這個原因，一廂情願地要對方以你的方式給予愛，於是就會發生各種的對待落差；當這樣的落差出現，你就可以知道你或對方正處在被誤解的愛當中，因爲若加上了時間軸，所有的愛都是公平的，只有被誤解的愛才會要求對等。

加上時間軸是什麼意思？

就是超越你這一生一世的時間，用更長遠超然的格局來看待愛。

祢說過時間是個不存在的東西，不是嗎？

時間確實虛無，那是個虛擬名詞。所謂的時間，只是在你們的空間用肉眼判斷物體在距離間行進的過程。你以爲我常說的「超越時間與空間」只是形容詞嗎？**在最深幽的意識當中，空間可以是跳躍的，時間可以是靜止的；如果你經常性的讓自己處於極度的專注和覺察，你甚至可以穿梭時空，當然用的是你的意識體。**

你曾經專注的觀察秒針嗎？當你深深地靜心專注，你甚至會注意到秒針變慢了。其實不是那機械鐘變慢，而是你的意識振動趨緩，投射出來便顯示在你所觀察到的秒針上，所以才說，**你們內在的意識千真萬確可以影響一切外在的事物**。

謝謝祢的說明……所以祢是說，我這輩子沒機會了？

你們永遠都有經歷眞愛的機會，而「吸引」永遠比「追求」有效果。如果你已經知道她的愛情並非可以用「追求」得到，你爲什麼不在這時候裝備你自己，以便吸引到即將發生的眞愛？

祢是說……即將？

我不想讓你難過，我希望你不要誤會我的意思，我指的不一定是她。

老實說我也很矛盾……這裡面有個面子的問題。她已經拒絕我，如果在我人生起飛之後，她才又接受了我，我會認為那份愛並不真，最起碼我感覺是那些起飛後的條件吸引她，而非因為我。

呵呵～陷入迷戀的人都愛幻想……迷戀本身就是一種幻想！萬一你「起飛」後她也不接受你呢？你對她了解有限。要知道，除非她眞心被「你」吸引，否則你的起飛甚至是財富都不足以讓她動心。現在看來倒是你陷入了瘋狂……說你失心瘋一點都沒錯，你迷戀她外表的美貌早已經遮蔽了你對她該有的認識！

祢剛剛說我有遇著眞心所愛的機會？

你會的，在你終於超越你原本對愛情的自我評價後。過去你不但愛情自我評價低，而且還很愛面子。要知道，愛是沒有大小之分，也沒有先後順序，設若她在你生命起飛後才同你在一起，這代表她的愛不眞嗎？難道一個女人沒有權利選擇她所要的男人的條件嗎？畢竟你們目前都正在**透過「有條件的愛情」學習「愛的無條件」**。

不同的時空下，人們會做不同的選擇，一切都是選擇的問題；而初衷將決定最後的選擇，但不能由過程中不同的選擇來判斷初衷。這裡的好消息是：每一個人都有機會透過「裝備自己」成爲某人的初衷或是最後的選擇。

我會成為她最後的選擇嗎？我感覺我現在像是走入了迷宮，又看不見光亮……

我並不這麼建議，如果你堅持，我也只能說有機會，因爲我的答案不論落入哪邊，都會讓你無心繼續我們目前正在做的；就算眞正讓你得到她的愛情，那往後的日子和發生的事情也許不會是你要的。

是啊！有時候我甚至不知道我要怎樣的日子……祢知道，當明白了自己對生命可以有許多選擇的機會時，反而會讓人迷惑……

那麼當你無法做抉擇時，來跟我說說話吧！我總是可以引領你得到你所需要的；或許不一定是你當下想要的，但是絕對是對你有幫助的。所有事情的發生，其目的都是爲了幫助你。

有時候我會感覺很沮喪……特別是遭受某些打擊或是遺棄時……

所有的沮喪都是讓你認清事實的機會。

這話我熟……

你需要更深入地去參透它。

祢說如果我跟她終於在一起，往後日子發生的事情有可能不會是我想要的？祢這是在對我做預言嗎？

不是！而是我的視角更容易見到全貌，所以給了你忠告。事實上，我所見到的也是你早已經見到的，只是你視而不見；你選擇性地刪除了具有關鍵性的觀察，因為你只看見你想看見的，你們的觀察力皆受此制約。如果有一時片刻你可以「靜觀全貌」，並且不帶預期與批判的接受你所觀察到的，你能接收的訊息就會多得多，那將會幫助你更容易做出恰當的決定。

我想我可以明白你的意思……祢說靜觀全貌是什麼意思？

除了用眼，還加上了一份帶著愛意的心。**愛是不論斷與批判的，甚至連標籤與**

看法都無；當這一份心處在如此寧靜祥和的狀態下，便能用細膩精微的觀察力去搜尋肉眼所不能及的細節，那便是「如是觀照」之意。你的心一旦真正被開啟，就等於全身的細胞都成為感知的觸角，這一份靜是不起波瀾、沒有思想和批判的超然狀態。所謂的靜觀全貌，為的是要與萬有合一，以便接收那一份超越感官的訊息，因為超越感官，自然也超越表象。

祢知道要做到祢所說的「如是觀照」並不容易，我們的頭腦早已經被訓練為習慣去分辨與判斷，甚至也早已養成透過眼下呈現的結果去分析出成因。那一份不論斷、不批判的意識，其實並不存在人類現有的模式之下。

它存在，一直都在，事實上那是你們本來的存在狀態，只是二元世界制衡了你們，而你們在被挾制之後妥協……世世代代。然後，這一份不自然的狀態就變成你們所依循的道途。

當你聽見有人說「這世間是幻象」時，不要懷疑，儘管說這話的人可能尚未通透此中意涵，但是這卻是千眞萬確的事實。正因爲世界是個虛幻的處所，因此可以無所障礙的變化出你們口中的無常與精采。當你們了悟此點，就不會在見到無常的災難發生時，產生切膚之痛的心境，而是能平靜慈悲地看待這一切，並且盡所能地提供協助。

正因爲這世界的變化只是虛幻無常呈現的果，因此，企圖在這果中推因，皆是枉然；充其量可以看見幻中之因，卻無法了解因的究竟。畢竟言語和文字也只是呈現這世界表象的一種方式，仍舊屬於幻境的作爲；因此，說是一便不是一，言語道斷，一說就錯。

何謂因中之因？

讓我用數字來表示：「一」向前的延伸乃是無限大，「零」向後的延伸乃是無限小，一切世間演變之物莫不是出於零與一。從數字看來，此二數爲天地宇宙之基本數字，宇宙的存在便爲此二進位制之無限演變循環。《聖經》中耶和華所說「我就是開始，我就是結束」，意味著我就是零——那無中還無的創造本然；我就是一——那無中生有的造化呈現。《易經》中所說「陰陽」，佛經中所說之「因果」，莫不如是。

「一」之演變延伸者爲世間一切被造之物，屬世間萬物之呈現，屬術面、外相、娑婆，亦屬幻象小我領域。世間之人受分別念影響，受萬物迷亂眼目耳鼻，以至於忘其本源。**有識者一心止亂，在紛擾中讓心歸於「合一」，雖難以超越「一」這有形有相的虛幻範疇，但是也足以接近「零」這究竟之門**。畢竟一為果，零為因，你們多半都在「果」的範圍內打轉，並且樂此不疲，只是尚未究竟。唯有進入零的窄門，方能一睹造化的始末，那是因果發生的緣起，也是生命孕育的太初。

所以小到人們對著事件產生想法、念頭、疑問，或是大到建國創業，也都只是在這虛幻的「一」的空間中打轉，如祢所說「像小狗追逐自己的尾巴」那樣。

確實！你們早已經習慣於在呈現的果中溯因，那是因為，你們從來不明白應當從因果之初下手——讓自己的意識回到太初。當一件事情發生，你們會為這件事情的出現開始分析與判斷，最後也總是能夠找到合乎你分析判斷的證據——因為世界只是你內心的投射。

當人們對某事產生想法或是談論著看法，皆不落「論斷」與「標籤」。最讓你們習慣的就是「對錯」、「好壞」、「善惡」、「喜好」之論，他們最後形成標籤，制約著你們的思想，其實對你們的心靈來說，無異為箝制，它讓你們失去了除開二元論之外的所有可能性。也因此，**二元論真正制約的是你們的想像力，而想像力之匱乏無異**

於扼殺創造力。

所有偉大的宗教與修行，皆談及捨棄分別心。與其說捨棄，不如說超越。而藝術與科技若要有更多元的呈現，也勢必要超越二元對立的分別觀；只有這樣，你們才能在超越中發現新天新地。因爲，你在這虛幻的二元世界所做的一切討論與行動，皆受制於這二元虛幻體的規範；當你可以超越邏輯與想像，跨越已知與未知，你的舊世界就開始崩解，新次元當下立現。

我注意到不只分別心，人們也特別注重「名相」……

不止如此，你們還會爲名相所賦予的意義爭鬥；尤其若是又加上前述所說的諸多分別心，那就更沒完沒了……試問，若第一個看見「水」的人不將其命名爲「水」，而用其他符號或是文字代替，現在你看見的「水」字，其意義就會完全不同，甚至不會出現「水」這個字。但是水之爲水的本質，並不因你如何稱呼它而改變，改變的只會是人的記憶與意識的慣性。

人類習慣命名，當你養了寵物，你會爲牠取名，以便「定義」牠的存在；重點是，牠之存在與否，完全與你對牠的定義無關，而是與牠如何選擇與定義自己有關。三百年前並不存在精神官能症，其實只因爲當時並沒有這個「名詞」，並非當時不存在這樣的病症；病症並不因爲你們如何爲它定名、何時爲它定名，就改變其本質。最有意思的是，當你們的醫師發現一種前所未有的疾病時，便不知道該如何治療，因爲醫師也早已經受制於已知的僵化治療模式。

除了醫學，你們的各個領域莫不如此：累積過去的知識→進行分析判斷→著手試驗→再將結果累積成知識與經驗……這樣的模式既原始又緩慢，要到何年何月方能跳躍超越？直到出現一群超越二元對立的分別觀與超越名相本質的人類，這一切才會逐漸改變。這一群人通常顯得與眾人格格不入，他們說的和想的也無法讓周遭的人明白，他們只得默默地做著他們該做的和能做的；接著就靜觀世界的改變，而世界終將因他們的影響力而改變。

我是這樣的人嗎？

你們在一瞬間就可以讓自己超越，一開始只要「願意」換換觀念，最後則需要把你的腦袋忘掉，眞正地用心！靜觀和呼吸則可以幫助你快速轉化意識。當你可以眞正地靜觀全貌，你對周圍的敏感度和敏銳度將大幅提升，你甚至可以透過對方的眸子與周圍的形氣，在你的眉心匯聚成影像，那影像將會告訴你被觀察者更深入的訊息。

隨著你能力的提升，你將逐漸發現對未來的洞察力亦同步增加，這些其實都只是人類的一種本能罷了。人類的功能，你們所知道的甚至不到百分之十；若要我說，這些能力遠比你們的科學儀器要精準多了。只是當你們迷信科學，這些天生優異的功能倒被你們當作不合時宜而顯得退化了！只是那功能從來未曾消失，隨時準備好讓你取用。

回歸自己的內在吧！
那裡有浩瀚的江海和巍峨的大山，
那裡有肥美的青草和滿山的花朵，
那裡有豐盛的礦藏和滿天的星斗……
那是我爲你預備下的！
回家吧，孩子！
著眼於可滅的世間不是你今生之所願，
一切只是迷惑你的可滅幻境。
一刻絢爛，

一刻槁枯，
那裡沒有永恆的依戀。
你終將歸來，
與我合一，
因爲我是你的父和你的母，
生生世世，
永恆不變。
你我註定在心靈的銀河碰觸，
一起搖槳駛向合一的國度……

二、靈性流動

每個人都有自己的生命藍圖

你覺得我該結婚生子嗎？

這段日子以來，你周圍有不少人結婚，看著他們喜悅的走進禮堂，也讓你心生羨慕是吧？幾乎改變了你以往不婚的觀念。

其實還有很多人對我的建議。他們說，生命本是來經歷的，而婚姻或孩子是其中能讓我體悟人生的重要過程，我不應該放棄。

不是每一個人都必須要選擇生養孩子來實現自己的生命藍圖。那麼你眼目所見呢？周圍人們婚姻的狀態如何？

我只能說，怨偶比佳偶多，離婚的比結婚的多……

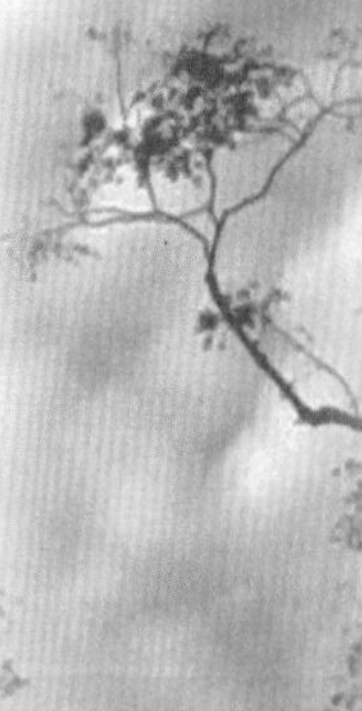

既然是這樣，那麼結婚就不一定是好事，對吧？儘管它對多數人來說像是喜事。

祢想讓我繼續當不婚族？

不！你具有全部的決定權。你的朋友沒說錯，就算最後的結局是離婚，起碼你也經歷過了婚姻的過程。婚姻以及在其中的過程，都是你們早已預先選擇的生命功課；只是，不要忘記，那只是婚姻——一種人爲的制度。儘管做爲一個人，你很難脫離大環境的制約而必須走入婚姻，但卻要清晰的明辨愛與愛情，那才是生命當中眞正值得你追尋並讓你成長的功課。

任何一個深刻眞切愛過的人都知道，一旦刻骨銘心的愛上一個人，這輩子很難再將同樣的愛給予第二人，這是《聖經》中「神所匹配的，人不能分開」的眞意，那經文所要談的是「愛的不分離」，而不是「婚姻的不分離」。若沒有內在神性的彰顯，你無法深刻眞切的愛上一個人，但那不表示，凡結婚的都不能分開；因爲你們的婚姻中不一定都是眞愛，有些甚至只是處在迷戀的夢幻階段就結婚了，最後才在一切幻滅後大夢初醒，然後不得不爲自己的不成熟收拾殘局。

沒有愛情能有婚姻嗎？婚姻都是在有愛的情況下建立的不是嗎？

那得要在你們都搞明白「愛」的情況下。我說過，婚姻是人爲的，而愛卻是天性。你們依著這份天性設計一個看似合理的人爲制度，但你們竟企圖透過人爲的婚姻要去彰顯愛的天性？這份天性不需要婚姻也得以顯明，正因爲它叫做天性。**你們因為對愛情的誤解而讓婚姻失色，婚姻表面上看似是愛情的結合，但受困的情感卻無法讓真愛更加彰顯，充其量只是維持一個社會運作的基本功能。**要知道，愛是自由的，而婚姻卻是另一個以愛爲名的制約形式，嚴格來說，你們的婚姻並不合乎眞正的人性與天性。

這麼說，該改變的是婚姻制度？

行之數千年的婚姻制度已經成爲根深柢固的社會模式，你們短期內仍無法脫離這樣的社會架構；但是顯而易見的是，當這樣的制度不再反映你們自己，甚至已經讓你們更加遠離自己和愛，它就會逐漸地式微。只是你們目前仍需保有它，你們需要在其中認清楚，**愛的真意是自由而非約束，是放手而非緊握，是喜悅而非痛苦，是**

接受而非抗拒……

祢的意思是，不用改變婚姻制度，需要改變的是我們對愛的認識？

重新的認識！而非你們以前所以爲的那些老八股。你們都太將眼目放在不是自己的地方，**真正的愛是先將自由和尊重還給自己，尋回並重新確認自我的價值，然後才去發現那你所愛的、你願意愛的對象去投入**，而非在對自己和對愛一無所知的情況下就貿然投入婚姻，只因爲年紀大了或是一時迷戀的衝動。在生命中最重要的就是：要先確立自我的價值與愛的自由度，如此當你投入婚姻，那婚姻將可以因爲自由而長久。

謝謝祢當我的婚姻顧問。但我現在極度的渴望獲得她的心，難道祢不能做點什麼改變這一切？就像祢當初對我父親做的一樣？

我正在這麼做呀！

不！我是說……讓她也產生相同被吸引的感覺……

想得美！我不會那樣做！那樣就干預了她的自由意志，也減少了你正在經驗的機會，而這正是一個你最需要的功課之一。

我以為祢應該讓我「經驗」到，終於在鼓起勇氣表白後得到的愛情吧?!

誰告訴你表白後一定要得到愛情？要是那樣，你早就陷進愛情裡，我們的對話還能繼續嗎？而你也將學習不到此刻你所需要學習的。

祢知道，關於表白，總是相當地冒險。不論誰先開始，只要說了就是一翻兩瞪眼：若不是在一起，要不往往連朋友都沒得做……尤其這年頭都流行用友誼來拒絕愛情。

你自己不也經常對你的告白者這麼做？不然你要對方怎麼辦？難道接受每一次表白的愛情嗎？友誼說是一種能讓表白者好下台的說法，儘管對方會感到遺憾，卻不會太傷心，因爲是在以不傷害對方爲初衷的情況下說出的話。要我說，她拒絕得好！要是她不拒絕，我們還沒機會講這麼多話呢！

怎說？

這陣子以來你特別貪玩，時間都花在諸多的社交活動上，甚至連書也少看了，更別說跟我說話……日子過得太爽了！

是啊~當我要跟祢說話，祢又玩捉迷藏了……

我沒怪你，你所想經歷的都是你應該去經歷的，整個生命都是你的禮物。要知道，不論你做出怎樣的決定，我都預先同意了，自由意志就是我的祝福！你的意願便是我的安排。

所以一切都是為了這次的對話？她只是一個被祢「設定」好做為這本書開頭的梗？我會戀上她也是祢安排的？

我不否認……但也不全然，畢竟有你的意願參與其中。

嘿！祢居然操弄我的愛情！

你有過眞正的愛情嗎？以前的那些經歷是對方的付出遠高於你，而你卻未曾付出過眞正的愛情。在愛情這一塊，你一直像是被寵壞的小孩，只願支取卻不敢給。可以想見，這樣你即便得到很多，也一定仍會感覺到愛的不完整，彷彿缺了什麼，只是你一直不明白爲什麼，更沒有意識到自己有這方面的問題；然後，在看遍眾多以離婚收場的婚姻後，你摻和自己多次的分手經驗，告訴自己你不會有婚姻，接著你關閉了情愛的聯繫……你這根本叫做逃避!!長期以來你所找尋的對象其實只是爲了「作伴」，其中友誼的成分比愛情高多了，甚至我可以說，你根本還沒愛過！

祢好像不時都要罵我一下，聽祢這麼說，我感覺好像是沒活過似的……

不！你活過，只是活得不算圓滿，你們有不少人確實在這一部分是懵懂的。愛情是人類的千古話題，有許多人要花費好幾輩子才能明白，這一本書將會解開一些讓你們困惑的疑問。直到目前的這位女子出現，她才終於釋放了你閉鎖的愛情；其實你的愛情從未消失，只是被深深的埋藏壓抑。

愛是與生俱來的能力，只是，愛情的感覺我確實遺忘很久了……

你會這樣說，證明你還是不明白愛與愛情、情感的區別。愛會產生情感，但情感卻不是愛。前面說過，情感只是一種身體感官的覺受，受制於每一個人不同的屬性，它屬於物質性的領域，因此讓人產生占有的欲望。而愛是不占有的，它是流動的而不可壓抑遏止的，愛會將自己完全的給出去，情感卻只是一種占有的渴望，被占有的情感仍無力阻止愛的流動，因爲物質性怎麼能影響靈性呢？

有許多人在情感穩定後仍出現向外尋求愛的情況，而愛的驅力一旦被情感固定住，便開始變質，因此對許多人來說，婚姻確實是愛情的墳墓。

哇……真是精闢……所以我們應該要以愛為主，而非情感。

任何以感官受到刺激而產生的覺受，都只能稱之為「情感」或「感覺」，而非

愛。由於情感發生於「感官的覺受」，它必生於感官，也受制於感官；而很不幸，你們的所有感官都只是暫時性的假有，終將消滅。這也是你們的情感都不會長久的原因之一，最糟糕的是你們竟然以爲那是「愛」！眞正的愛是不會消滅的。

我想這樣可以解釋，為何不論宗教或是個人修行者都會建議要去除情感的執著，因為那都是「感官」短暫的滿足。

情感是一種占有的欲望，說穿了也不過就是欲望而已。多數人認爲一個修行者應該要去除情感和欲望，或至少降低相關的需求，以便在心靈中騰出空間迎接那來自蒼穹的無限喜悅；大家眼中的性靈老師更須如此，你就是在這樣的情況下，選擇將已經隱藏的情感再往下深深地壓抑，直到壓抑到連你自己也找不到，甚至遺忘。只是我要你們知道，壓抑並不是個好方法，只是不斷強化那被加壓的小我——那非神的面向；而**凡受壓抑的必會反撲**，只是早晚。

你見過不少在他人眼中深具靈性的人們都有著情感和欲望的障礙，甚至已經嚴重的影響到他們的身心與人際關係。這不單單是你的問題，也是許多靈修者的困擾。至於那些仍在紅塵情愛中打滾的人們，我們的這些討論可以帶給他們不少啓迪。

祢知道自從我接觸「靈性」領域以來，我反而有時候懷念以往那段「荒唐無知」的歲月，那樣的自由，不壓抑，甚至可以說是完全沒有罪惡感……

喔？你懷念那段無知的快樂？那是一段讓你經歷的過程，體驗毫無限制的自由，但畢竟只是過程，你不可能允許自己停留在那樣的狀態，否則你的一生將如槁木死灰。如何在保持靈性覺知中還能夠自由的控制情感和欲望，正是如你一般的人們所需要明白的；這一份「自由」是可以掌控的，決定權在你，而你應該先將這份自由還給你自己——透過對愛和情感的認識加以轉化，而非壓抑！

當然我知道我已經不可能走回頭路了，但是當我看見那些沒有接觸靈性或宗教思想的人們，還是很自由的戀愛、自由的分開、自由的決定要跟誰睡覺……就像我當初那樣！我有時候還蠻羨慕的，呵呵~

你眞的以爲他們這樣是「自由」？這只是表面上的觀察。當他們浮沉於愛與不愛、性與不性當中，幽微中仍隱藏不少思維上的困惑與無知。只有極少的人可以放膽愛，放膽追求而無顧忌！對多數人來說，這不是一件可爲而爲之的事情，或至少要在暗處進行。

因為罪惡感嗎？

對性的部分許多人仍是的！但是即便是對愛，你們也少有認眞去探討的；多數人受制於過往的經驗和小我的操控，而走入你們所謂的愛情或是孤獨。坦白說，愛情正是你們接受生命療癒的大關，若不能在愛中取得和自己的和諧，一切的圓滿將只是空談！而現在，我將出面爲你們解開這疑惑，好讓你們能夠在愛中圓滿。

我前一陣子的安靜正是療癒你的過程之一，好讓你獨自去經歷這個靜心的過程。在愛情中，有著巨大的生命智慧等待你的發掘和探索；在愛中孤單並不是一件壞事，它能讓你有機會一窺靈性殿堂的眞實樣貌，而那樣貌遠非你原本所以爲的。

愛的本質

療癒我？

是的！就從讓你心之所繫的那位開始談起吧！她的美貌確實令你動心不是？

老天！她真是美！簡直就是天使……喔不！是女神！……好吧~我承認我被迷惑了……

你要說的是「迷戀」吧？這份迷戀已經明顯地讓你頭腦不清醒了。你甚至已經忘記，美貌並不是愛情的好理由，因爲美貌將會隨歲月推移而消失。那麼你有想過，你的這份迷戀來自何處？又將終於何處？

我……

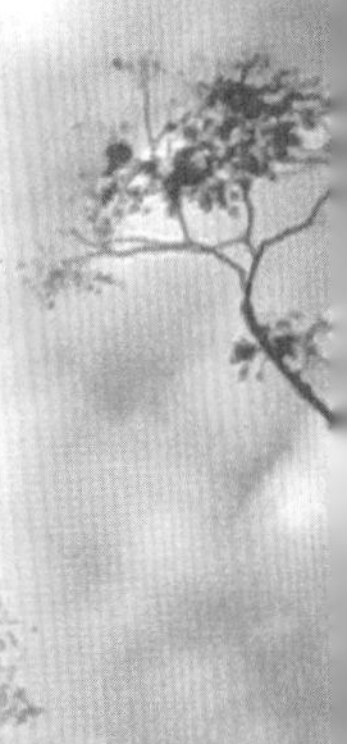

迷戀只是果，既然這果讓你魂不守舍、痛苦不堪，那必須要先找到因。我們先了解這因是在何處生滅的吧！

我們將要回到「零」的世界去尋因嗎？老師請說，願聞其詳！

她會出現自然是和你有某種往昔世的因緣，而你會受其吸引是因爲五感當中的眼睛引發了你累世以來的記憶——說穿了是引發你累世以來對美麗的虛榮（不要忘記你曾經是個女人）。

你們都有這樣的經驗：明明對某人未曾謀面，相見後卻感覺似曾相識……只是難以憶起。那便是你之所以說「千年不遇」的原因，千年以來所累積的形象烙印在深幽的記憶裡，即便隔世，依舊可以喚醒——透過你的眼睛。

所以我的確是「早就認識」她對吧？我說嘛……

也或許不是她，而是她那張臉。即便「早就認識」也並沒有什麼好大驚小怪的，哪一個今生所遇到的人是過去不認識的？只有深淺之別罷了。按你們對緣分最常見的說法，今生之所以相遇，若不是來報恩，就是來還債。眞相是：除了這二者，還帶著各自的意願，不論報恩、還債或是帶有其他的目的，都是他們最早的選擇造成這份相應。佛家說這相應便是「因緣」，其實是非常巧妙地解釋了這樣的狀態；但是因緣又會爲了彼此各自的生命任務而有不同的示現，所以你們才會有善緣、惡緣、孽緣、增上緣等各種緣分名稱的出現。**而所有的「緣分」都只是為了取得因果中的平衡**，事實上，**對一位真正了悟的人而言，沒有一種緣分不是善緣，即便是對方的羞辱與攻擊**。

為什麼？我會這麼問是因為，我也曾經遭受他人莫須有的批評攻擊，坦白說當下的確相當難受。我可以壓抑我的情緒，但是要做到祢說的，把對方的羞辱與攻擊當作是善緣，我必須承認，我還有段距離……

不論那些人用何種方式使你不悅，尤其是當莫須有時，都應當要明白，那是提醒你進步與謙卑的老師。我曾經說過，我沒有給你對手，你有的只有老師和天使。眞正的老師往往不會對你和顏悅色，更不會對你唯唯諾諾言聽計從，他們可能在言語和行爲上試圖侵犯你，或許確實心量狹小來意不善；但因爲你扭轉了意識，將對方視爲一個提醒者與助力的角色，並且不帶條件地接受他，你們彼此的因果就在一瞬間扭轉了。最重要的原因是：你少了「恨意與憤怒」，而緩解了這一份來自對方的攻擊，並且讓這份攻擊無法繼續。

當一個人可以不帶著恨意與憤怒行走在地上，他的心將何等自由！因爲在他眼中沒有敵人，正因爲沒有敵人，自然也無須設防；而因其無須設防，他正是萬夫莫敵之人。也因此你們的老子才會說「勝人者有力，自勝者強」，一個眞正的強者不一定是有力者，他將超越這二元對立，在自己的內心進行鍛鍊；當一個人可以成功的鍛鍊其性靈，因果可以在一瞬間扭轉，世界也將臣服於他。

那我跟她是哪種緣呢？我是說今生相遇的目的？

孩子！任何一個讓你傾心的人都是千年累積的因緣，你一生中不會只有一個女人和你交會，能彼此相遇就已經足以感到幸福。因爲透過她，你終於發現自己就是滿滿的愛，至於是不是彼此相愛相守已經不重要，你會因爲這份傾心而釋放愛的自由度。是的！當你發現內在的那份眞愛，你不會想要占有對方，你反而會希望她能自由，會接受對方心所嚮往的生活模式，並尊重她一切的選擇——即便她選擇的是其他人。

如果她對你沒有回應、沒有感覺，不要難過！不是你不好，更不是你的錯，在愛中沒有人犯錯。與其說她對你沒有愛情，倒不如說她目前還沒有準備好要經歷下一段愛情，甚至也誤解了你的友情；而每一個人對待朋友的方式都是不同的，不要因爲她對你的誤解而對她表現冷漠，她只是想要一點點的自在和空間，好成熟進步自己的功課。

是的！能相愛自然是好；若不能，你也已經沒有遺憾。畢竟你眞誠勇敢地反應了你自己的心，未來日子長著呢！你們都會慢慢發現各自生命的目的，然後在某個不知名的時空中，將再度交會。

謝謝祢豐盛的解釋與安慰，我感覺很溫暖……謝謝！

祢可以再說說感官和情感的關聯嗎？

我曾說過，你們都受制於「感官」產生「情緒」與「感覺」，你的眼睛屬物質界，透過神經與大腦相連，而大腦中的「天線」連接潛意識資料庫，帶給你直覺的提醒或是聖靈的聲音。每一個人的潛意識資料庫和表意識的認知都不盡相同，也因此對相同的事情會有不同的看法與解讀（例如你看不上眼的女人會被別的男人娶回去當老婆），這並不影響那被你們稱之爲神性或佛性的內在本質。每一個人來到世間的屬性不同，透過眼、耳、鼻、舌、身的感知與反饋，皆受你此生屬性影響，而關於人的屬性……

屬性？是祢之前曾提到過的「人的層次」嗎？

其實在靈性層次上人人平等，只是一旦進入這二元的物質界，人人皆依往昔世之所思所爲影響轉變爲不同屬性。你難道不曾注意到：有一群人天資聰穎，覺性高超；有一群人努力奮發，激勵周遭；而另一群人，也是最大的一群人則昏庸魯鈍，無明罩頂。

是啊！但是也不全然吧？昏庸的人偶爾也會有靈光乍現的時候，天資聰穎的人有時候也會摔跤……

那是當然的，這是個相對世界，不存在絕對值。這三個狀態也受無常世界的規範影響，並非一成不變；只是，一個人的一切思維念頭和行動，皆受其主要屬性影響，而屬性由這一個人過去的思、言、行所形塑，但皆可以透過靈性的覺察而進化。

所以祢要說的是：我的覺察是不夠的？

我沒說……但是你已經承認了。

我還知道自己的斤兩……自知之明我還是有的。

你仍受外在物質界的影響，沒有定睛在我身上，關於她……你被迷惑了。如果這是一個遊戲，很抱歉，你失分了！但值得慶幸的是，這眞的只是一個遊戲！你被迷惑得好！

我……我仍在塵世，我會受感官影響也是正常的不是嗎？我遇到心儀者產生愛慕不也是應該的？

不要誤會！我沒有責備你的意思。受感官影響是完全正常且應該的，我說過，那不影響你們內在神性的本質，我只是要提醒你：不要被外相迷惑，或至少別被迷惑太久。被外相迷惑之後的你所生出的並不叫做「愛」，那叫「迷戀」，那只是一種欲望——渴望占有的欲望。

那祢可以再說說迷戀和愛情的差異嗎？

許多人分不清楚愛情和迷戀的差別，儘管都可以被稱之爲「愛戀」；但迷戀相較於愛情，是短暫的、表象的、不成熟和不深入的，它可以引起一陣的激情卻多半無法長久，因爲它立基於「幻想」。當這份幻想因渴望或占有而幻滅，迷戀將帶來更多的痛苦。而愛則遠比你所以爲的更爲深邃和廣泛，事實上愛情正是神愛世人具體而微的展現。

你們來自愛，因此本就具有愛人的能力，透過愛情經驗，你可以知道自己就是愛，可以做出怎樣的奉獻和付出。愛並非你可以壓抑的，更不是可以讓你虛假的，愛不是一種你要從「外在」取得而後才能給出的禮物。**愛情的目的是：它讓你終於發現，原來整個的你就是愛，可以毫不保留地給出所擁有的，又完全不求回報。**「歡喜能捨」的行爲將發生在明白「自己就是愛」的人身上；相對的，如果你難捨又有所求，你會因此知道自己的愛——或是你自己，目前有多少斤兩。

不是每個人都能一開始就做到無求的捨或是無條件的愛，我們不都是來學習的嗎？

你們都是來經歷的——按著你們各自選擇的意願。經歷是因，學習只是果。你們先是從經歷愛情開始，然後將這份昇華之愛推及他人及萬物；透過眞正的愛，你將可以知道怎樣在平凡中展現自身的偉大，俾使內在神性展露。當那樣的愛出現，它將使你柔軟又自在，彷彿經歷與我同在的喜悅。

祢說我被外在所吸引，我並不否認。我想，對美麗的人有貪求並不為過，美麗的人大家都愛！更何況我不是只有被外貌吸引，相處過後，我發現她還有更多的特質吸引我。祢知道，美女有很多種，有些只是「穿著華麗的白骨精」，而有些是「沒有靈魂的軀殼」，只有極少數的女人可以在美麗的外表下散發出靈性的氣質，清新脫俗，宛若天使……

你這是「情人眼裡出西施」。雖然你形容得很好，但是你不要忘記，至今你對她的了解仍相當有限，事實上，你和她的相處時間加起來甚至連二十四小時都不到！而且你要小心你的形容詞可能會讓某些女性不舒服。

祢擔心有人會對號入座？

那些我從不擔心！只是世上仍有自我評價低的女子。很不幸，這樣的女子很多，尤其是在重男輕女的東方社會。

如果我冒犯到一些人，我願意先說抱歉！藉由這樣的「冒犯」，若可以讓她們獲得不一樣的生命領悟，我想我還是會願意這麼做，畢竟我的初衷不是要開罪他人，只是我也不介意被人討厭就是了。

你現在知道爲什麼我會挑你說話了。如果有一些所謂的「眞理」的話，就是要找個不怕死的人來對眾人說。這是你的天命。而眞理總是逆耳狂悖的，甚至遠超過你們的認知，我知道很多人還沒準備好要接受。

祢會有重男輕女的觀念嗎？

二元相對性的創造發生起源於我，你認爲我會看輕自己的創造嗎？我明白地告訴你，我不只是男神，也是女神！而我在你們中間也是兩者兼具，男性內在中會有女神的存在，女性內在中也會有男神的存在，在我眼中看這一切都是好的，沒有分別！只是人類會有分別心，畢竟這是二元世界存在的通病。我創造了二元世界，而我的出現也是為了幫助你們超越這二元世界，好領你們回你們「以為」早已遠離的家；而「重男輕女」的觀念，已經將你們在完美認知中所謂的「家庭」徹底扭曲。

我看見許多女性受到原生家庭父母重男輕女的觀念影響，承受了許多不公平的對待；有些女子帶著這份傷痛或是恨意嫁入夫家，竟也在無意識中把這份傷害和影響讓下一代繼續傳承，於是悲劇一直上演……

這些我都看見了。

那祢能做點什麼呢？

我不能！每個靈魂化作生命體來到地面，有他們各自需要的道途和功課，我不能干預這份自由意志，哪怕是知道他正在受苦。

那祢對我所做的難道就不是干預嗎？

我清楚你的選擇，因爲你最初做了這樣的選擇——回歸神。儘管你度過一段不算短的懵懂期，但是在你的深處卻不曾遺忘；並且，你在受苦的過程中，持續地透過意識去發現此生的目的，而不斷提醒自己，持續留心到我對你的提醒。重要的是，你願意接受這一份修正。

我唯一所做的不過就是提醒而已，但是你仍保有百分之百的自由意志，你也可以選擇不接受我的提醒；但是經驗告訴你，凡你不接受最直接、最清晰的直覺引導時，結果往往會讓你的生命經驗受挫。我所做的並非干預，而是提醒，這一份提醒也在所有人身上發生。

我又要再重提一次：重點是誰在聽？**這份提醒透過徵兆與直覺出現。對內在的觀照夠敏銳的人，總是可以清楚的注意到直覺的提醒；而對外界觀察夠敏銳的人，則可以注意到徵兆。**往往，一個對內在有足夠覺察的人，對外界也具有夠清晰的洞察力去發現徵兆，因而可以洞燭機先，不至於隨生命事件的洪流漂移，即便遭逢生命的瀑布，也能因爲明白其因果而處之泰然。

難道人非得透過受苦的生命才能體會到神性的喜樂嗎？這完全是兩個衝突的極端，許多人正在承受生命的苦楚並且看不見光，這難道是無法避免的過程嗎？

喜樂在你，受苦也在你，一切都由你的意識在剎那間決定；**重要的不是你發生什麼，而是你怎麼解釋所發生的**。如果你願意，你總是可以從看似災難的事件中去發現正面的價値，只是我承認有太多的人選擇用負面的角度去解讀，於是在自己身上引發了負面的連鎖效應。這部分我們曾經在第一冊說過。

受苦的人生是不必要的，我並不喜歡看你們受苦，但是我仍要強調，只有你自己才能終止這一份苦——**對自己所說的話、所發出的念頭，透過你的正面意識去解讀，則一切的苦都將在轉瞬間被弭平，然後你將會在實際的生活中逐漸看見境況的好轉**。

一念生八方動，一念之轉就能扭動奇蹟，只是你們都太小看「念頭」的力量。你們以爲只是想想而已無所謂，殊不知已在無量的宇宙中種下了萬千的因；而凡是有因就必有果，也終將回歸己身，若要終止這因，就從斷念開始。

我們每天有幾千萬個念頭在腦袋出現，要斷念，那豈不是連過日子都難？

難與不難也在你一念之間，正因爲你認爲難，所以你甚至沒有嘗試過，也就經歷不到那份平安。所謂的斷念，並不是叫你沒有任何念頭，而是讓你處在某一個「專注」的狀態下去屏除雜念與邪思。

你何不透過練習呼吸開始？專注你的呼吸，深深地吸一口氣，那是獲取你的生命；然後止息，憋住那口氣，那是人生的過程，感受與經歷那份生命在你體內的流動；再長長地呼出它，然後停止，那是死亡，感受自己生命的消逝，體驗那份靜謐的安詳；然後再重新吸氣……周而復始。

如果你開始練習，將發現，你除了專注在這份呼吸之外，別無他想。當你這麼做，你就是在爲自己的生命負責，爲自己的死亡承擔，生命就在一呼一吸間延續。沒有人應該爲你的生命負責，也沒有人應該爲你的死亡承擔。這一切生命之路的發生，是爲了讓你明白：只有你自己具有掌控與改變一切的力量，除此之外別無拯救。所有將自己的際遇怪罪環境及他人者，尤其需要明白這個道理。

當你開始完整地承擔自己生命的責任，接受所有一切的發生，悅納一切的可能，意識上你已經可以出死入生，悠遊於人間的天堂；那名副其實是人間活佛，行走的基督，那份意識之光也將引領眾人隨行。

所以活佛或是基督並不一定是在宗教界出現對吧？

身爲自由的行者，不會給自己制定狹隘的範圍，影響力永遠可以絕相超宗；在超越宗教的廣大裡，有著更多需要的悲憫與疼惜。宗教不能限制行者們的意願，卻可能限制了他的行動，宗教能影響的只有願意被宗教影響的人。除開這些，難道這世界上就不應該有其他的行者了嗎？我創造這世界的用意，難道不是成爲你們經驗生命的場域嗎？

我一直以為這世界是屬於小我的……現在祢又說是祢創造的。

有關小我，其實就是在神之大夢中那非神的部分；但即便是非神，依舊分裂自神，畢竟這宇宙間有什麼是自外於神的呢？也因此你甚至可以說，小我也是神的一部分，這並不影響我的神聖性。它與我分裂，表現得像我，它甚至成功地讓世人以爲，是神創造了這並不完美的世間。

小我僭越神的所爲，因而讓這可滅的虛幻世界肇生，最初的目的只是爲了它的躲藏；它知道，若離開這幻境的世界，它將無有去處，因此它讓地上——這宇宙幻境萬物豐足，燦爛奪目，好教世人迷惑，以便它的藏匿。

你們不難發現，小我看似假借我的身分行分裂的事實。我說看似，是因爲實際情況並非如此……它是我一體性的兩面，若沒有這層分裂，任何相對性都將不可能發生。你們和我都無法體認到自己的存在，只能在意識上知曉，因此這是一份帶著祝福的分裂，帶領你們超越這幻境的愛。

祢的意思是說，祢先把我們安置在「離家」的小我世界，然後再帶我們「回家」是嗎？祢先讓我們「不是」，然後幫助我們「是」，這就是祢之前說「若沒有你們『不是的』，就無法成為你們『是的』」對吧？難怪會有一票人說，神是需要感覺「被需要的」，所以才設計這麼一個遊戲場……

我需要爲我自己爭辯嗎？一點也不！我不需要你們，但是你們需要我，畢竟你們像是患了夢遊症的孩子，「以爲」自己正在前往何處，其實你們哪都沒去！而是實實在在的安居天家，我的出現只是爲了告訴你們這個事實罷了。但是，正如同對待夢遊症的孩子，你不能在他所「以爲」的夢中一下子驚醒他，你要緩緩地叫醒，有時候甚至還要依著他……事實上大多數時間我都是這麼做的，我是擅長於等待的，畢竟一切都在我內，時間在我，小我也在我。

所以祢不只將自己分裂成億萬靈魂，還分裂出小我……然後這小我引發人類的情感和欲望，產生眼下的世界……

是的！當分裂開始，空間出現了，時間出現了，這裡和那裡以及中間出現了，神的相對性也出現了——大我（神）、小我（非神）；就連受造的你們，在意識中也出現了自己和周圍——本體和客體之分。在「本體」之中如我一般，有神性和小我的存在；而在幻境客體之中，則僅存小我及其造作。你們就這樣投生於充滿小我的物質幻境世界，用情感和欲望發展出各式各樣的技術與創造，帶來人類的文明。情、欲雖屬小我領域，然而若沒有情欲，人類甚至不會有文明產生。

所以有些人說是「神掌控一切的幸與不幸」，就是確實了？既然連小我都是祢！

不論大我或小我，確實都在我內！無垠的靈性空間難道不應囊括物質世界？什麼是神？你們的問題不在於神是不是掌控這一切，而在於你們根本不清楚「神」是什麼？其次，你陷入了一般人都會有的二元分別觀當中，自然認爲非此即彼，而沒有中間地帶。我要告訴你的是，那中間地帶就是人！

你以爲神是什麼？能夠與萬物合一並感知天地的就爲神！神只是一種覺性，不是被你們擬人化的「天上的白鬍子老公公」，或是被你們名相化的諸多神祇名詞。只要一個人可以天人感應、依天道而行，說他是神，難道有錯嗎？畢竟你們本就來自於分裂前的那一份合一！

祢一直說分裂呀分裂的，聽起來像是一個精神分裂的神。

你說得沒錯！確實是在「精神」上分裂了。畢竟一切都只是一場夢，非眞實的，只是狀似眞實；在夢中，我將自己分裂爲大我和小我，大我爲神，小我爲非神。若沒有這分裂，也將不會有相對性的產生，一切仍是原始這般地至福圓滿。分裂之前，既無善，也無惡；既無因，也無果。分裂之後，既有善，又有惡；既有因，又有果。若非這樣的分裂，也不會有可供你們經歷的世界出現。

我曾認為小我就是那魔鬼，祢現在說小我也在祢之內……讓我困惑。

小我是不是魔鬼是你們定義的。小我是神的一部分讓你失望嗎？要知道，神並非只能包容那純粹的善，甚至可以悅納小我的非善。小我並非完全沒有益處，從最當下來說，若沒有小我的相對性，你們便不能透過經歷你所「不是的」去轉變成你所「是的」，還更不要說享有地上這一切供你們揮霍的資源。

那祢為何不在第一本就這樣表示？

你們那時還沒準備好聆聽這驚人的眞相。要知道，不是每一個人都準備好聽見「神與小我其實是一體兩面」的說法，多數人仍然活在分裂的相對性中，涇渭分明的認爲神即是善，非神即爲不善。然而神善嗎？神不善嗎？神可不可以跳脫這二者而能依然是神？

要知道，**善惡的分別並不在神的判斷，而是人心。正因為你們已經落入習慣性的判別，而讓自己減少內在神性的光芒**，有些人甚至因此而多了一分魔性。對神性而言，**分別心是一種心靈的毒藥！當你越來越能接納所有的發生與現象，越來越少分別論斷與批判攻擊，你就可以察覺到，你正走在變成覺者的路上**；到時，感恩一切存在的豐盛，成爲意識的常態，最後甚至連寬恕也沒有必要。

那聖靈是怎麼回事？祢曾說它是不會和小我妥協的，這樣一來豈不是祢自己打自己？

小我儘管在我之內，卻有其獨立的行爲模式，正如同你們有自律神經、季節有交替的規律一樣。小我之存在是一個靈性投射的角色——反射著靈性的力量，但卻不邪惡。小我確實無法超越神性，領受神性的人卻可以超越小我，聖靈便是據此擔任提醒的工作，以便讓你們知道我從來與你們沒有分離；必要時聖靈甚至會有干預小我的舉動，例如「天人交戰」時受內在直覺的引導而做出恰當的決定，這都是聖靈與內在的神性合作，透過直覺發出的提醒。

我明白其實所謂的「降服其心」就是降服小我……

是的！這永遠會是你們一生的議題！即便是悟道者，只要有一具肉身存在，便受制於小我的掌控。但是靈性的覺知可以幫助你們超越這制約。

你們的佛經上所提到的「我執」即是小我的執著，小我無形無相，卻幾乎主宰這世界一切有形的事物。小到你心中湧起的情緒和身體的欲望——你們所常說的「貪嗔痴慢疑」；大到一切這世界可學習的學問技術，沒有一項不受小我的掌控或受其影響而醞釀發酵。

小我之心若不降服，生命又當如何？

你們有句成語「心術合一」，但是以人類的歷史看來，似乎在「術」上的精進要比對「心」的認識來得多，你們甚至不了解你們的心！

你們把「心念」、「心智」、「心願」、「心情」，甚至「感覺」、「情緒」都當作是「心」，其實那也不過是小我的把戲罷了！它潛伏在你之中，讓你以爲它就是你；它的多變無常一如世界的變化一般，移形幻影到讓人不可預測。你可以在上一分鐘喜上眉梢，又在下一分鐘哀傷沮喪，如此的情況下，究竟何者是你的眞心呢？佛家所言之空性，便是指所有一切呈現的事物都在無常變化著，相對世界中並無單一絕對的自我本質存在；所以才說，你們所謂的「心」之呈現，只是小我的妄作——因爲它只能被限定在二元的相對狀態中呈現其無常變化。

而眞正的「心」是超越二元時空與至高連結的「靈性意識」，也就是和神性合一的覺醒。當你發現這一份「眞心」，便能體會何謂「如如不動，不生不滅，不垢不淨」的至高寧靜，那是眞愛的起源。至於你們對科學的迷信，甚至已經超越了對心靈的了解。

科學是「術」的一環，是針對這物質世界一切可被觀察和計算、推演的情況下發展出來的一門技藝；你們用它來發展經濟與文化，試圖利用科學的力量改造人類的世界。你們確實成功了，但是千百年來的科學演進，除了讓你們有更爲便利的生活之外，也帶來巨大的心靈桎梏與壓力。科學並沒有解開心靈的枷鎖，甚至帶來更大的心靈障礙。若要我說，科學讓你們的心靈倒退！科學不是唯一的救贖，從來不是！科學只能解決科學範圍內的問題，對於科學以外的領域，你們的科學就一無是處！

我以為我們正在談論小我，沒想到祢開始批判科學……

科學正是在小我領域中被最多人肯定與趨之若鶩的迷信。是的！它已經變成一種迷信——小我所創造出來的著迷和沉溺。看看你們有多少人沉迷於３Ｃ產品，甚至不能一天「沒有螢幕」；要知道，你們運用這幻象世界的「術」所創造出來的仍是幻象，而你們會沉溺於自己創造出來的「科技幻象」中，一點也不奇怪，畢竟你們早已經迷亂於這分別的虛幻世界。

除此之外還有政治幻象、經濟幻象、文化幻象、歷史幻象……現在已經有不少你們的科學家開始將心靈與科技結合，而當這一切的幻象終於能和心靈結合，才眞正能創造天堂般的人類世界。

我們已經不可能脫離科技而生活，科技也為我們帶來許多便利，更不要說科技解決了人類的疾病，延長了人類的壽命，改善了地球的環境……

對這部分我採取保留態度。科技能解決的只有屬於這世間可用眼目所見的範圍，**你們的問題不在科技，而在沉溺專注於科技所產生的幻覺，忽略了心靈的指標。**你們將科技置於心靈之上，也因此一切都被物化，一切只是物質，甚至包括那有生命的。那些被你們飼養來做爲肉食來源的動物，儘管是自願選擇奉獻生命與肉體，仍然遭受不人道的對待；你們甚至連提供讓動物們舒適的養殖場都吝嗇，就別提宰殺的過程是多麼令人鼻酸了。

就連對人類——你們的同類，你們也是以「物質化」的視角待之。去一趟醫院就可以知道我所言不虛，你們所謂的醫學就是以「對抗疾病」爲主要任務。健康本是人該有的自然狀態，你們以爲透過醫療去除了疾病就是健康，爲此你們花了大筆的金錢創設健保體制，圈養了一群依賴疾病痛苦而生存的醫師、藥商；然後政府上下其手共同分贓，民眾繳納的費用變成了無底的錢坑，更令人無法接受的是這些既得利益者甚至會「製造」疾病痛苦好獲得更多金錢，低藥高賣，小病多診，無病開刀的案例時有所聞。

這些我都聽說過，貪婪的藥商和操守不當的醫師確實所在多有，但是我們仍然需要健保呀！生病的人不能沒有醫生呀！

確實不能沒有。在你們終於清楚，身體幻象的終止只有仰賴心靈的覺醒前，你們不能停止依賴醫生，也只好繼續對健保的剝削與醫療界的上下其手保持緘默。你們不清楚**真正健康的身體非關疾病，而是心靈**！在一切向錢看的現狀下，我幾乎可以說，你們的價值觀是完全「物質化」的，所謂的尊重生命早就已經淪爲口號。

你們的醫生行醫時擔心「死亡的失敗」多過「讓病人健康活著」的念頭，知道怎麼「去病」的知識多過知道怎樣「樂活」；整套醫學教育都是這樣的唯物論系統，甚至連一點點對病患的心靈感知力都付之闕如。理由卻是驚人的簡單：要是每一個病人都透過簡單獲得健康的方法而降低疾病的發生，你們的醫生將會失業，藥廠也會關門。

我想起祢上一本書有提到要針對我們的健保發表一點看法，我想這就是了吧！

再重要的看法都沒有你們看重自己的心靈來得重要。要知道，這世上沒有什麼是無生命的。量子力學已經告訴你們，你們怎麼對待物質，物質就怎麼回應你們，因爲從來就沒有什麼眞正的物質；**一切外界都只是宇宙之心的呈現、你的投射、神的造化——那全都是生命！而神就在你裡面，**祂說要有光就會有光。**若你們不把自己的心靈當回事兒，心靈就不會把你們的身體當回事兒，**那樣吃藥打針就免不了。

那麼針對身體的健康，祢有什麼要建議的嗎？

把健康的自主權眞正地從醫師手上收回！醫師來判定你的疾病或是健康狀態，遠不及你對自己關於身體所說的話來得有效！事實上是：你要你身體健康，身體就會健康！當你把這權力外放到醫師手上，就已經是對身體最大的不信賴，那你又怎能希望身體給你你所期望的健康呢？

現在就對自己的身體說話！並且深信他會痊癒，因著你的信，你必得治癒！這一份仰賴將抵擋病魔的綑綁。

你的意思是只要信，甚至現在正需要看醫生的人，都可以不必再看了？

這並不容易，如果他的信心可以在最短時間內揚升，則任何的醫生都不再需要了，因爲我既已經給了你們身體，又怎會忽略醫治身體的能力呢？**每一個人身上都有神奇的自癒力，這一份自癒力無與倫比，啟動的開關就是對自我內在的信仰！**

對尚未明白心靈之力的病人們，要努力使他們明白，同時配合醫師的治療，由心靈和物質雙管齊下方可收奇效，否則單靠藥物，只會讓身體進一步陷入另一失衡的險境，因爲，你們所謂的藥物，在我看來無異於毒藥。如果疾病是毒，那只有比疾病更毒的藥物可以制服，所以你們的醫學又稱「對抗醫學」，而你們竟然以爲疾病若不仰賴藥物的毒性便無法克服。

祢說的是西醫，中醫的觀點可不是這樣。中醫對身體的臟腑經絡是全觀式的，並且也應用天然的藥材來祛病或是補身；近來已經有許多醫師將東方的醫學觀帶進西方，發展出自然療法與預防醫學。

自然療法與預防醫學的觀念正是未來人類的倚靠，只是目前在你們偌大醫療體系的白色巨塔下，在龐大的醫療利潤誘惑下，短期之內，對抗醫學仍是主流，而諸多無知的病患便只好繼續忍受藥物的荼毒。

需要有更多人去喚醒周遭人的心靈與意識，用心靈的力量痊癒要遠比用藥物力量無害而且免費。預防醫學與自然療法的領域裡需要更多覺醒的醫師投入，如此並不會減損醫師的收入與專業的地位；當人人都可以因為自然的方式健康地活著，透過預防的方式避免疾病的發生，教導這些觀念的醫師將會受人敬重與供養。只是我懷疑有多少醫師可以預見並歡迎這樣的未來？畢竟在他們行醫前的設定有可能並非為了懸壺濟世。

但祢知道，要一個正在承受身體病痛的人「相信」心靈的力量可以減緩他的痛苦，並且加速他的痊癒，是一件有相當難度的事。畢竟那一份痛苦對他來說是那麼樣的真實，即便我們都知道身體只是假有的虛殼，仍是那樣真實地承受著痛苦。

你曾經生過病，也受過傷，因此你可以明白那一份看似眞實的傷痛。只是我仍要說，當你不把你的身體當作你的唯一仰賴，你就可以超越身體所發生的狀態，甚至是所發出的痛苦。所有爲病所苦的人都有一份內在的神識，這一份神識也都隨時待命準備爲身體進行療癒。

意志力是不管用的，因爲**意志力也不過是用頭腦的壓抑；心靈力可以為此提供平安的處方**，以便加速身體的康復，所以說「喜樂的心乃是良藥，憂傷的靈使骨枯乾」，這並不是一句口號式的經文，而是實實在在眞實存在的事實。

你可能正在承受身體的苦，但是絕對不會影響你決定要讓心靈平安的信心。**所有的疾病之發生只有一個目的，就是讓你知道：你不只是一具身體，透過疾病，你可以關注到你仍有一個可以和身體分開的心靈**。這也是爲什麼許多大病之後的人容易走向靈修之路的原因……

三、如實經歷

最近地球上天災人禍不斷，我看了相當難過，究竟這地面上何時才能變為樂土？這和二〇一二世界末日有關嗎？真的會有末日嗎？

我實實在在告訴你，天災人禍從來不曾停止。關於二〇一二，許多人都有世界末日的恐懼，這恐懼在電影與各種媒體的推波助瀾下更是擴大，好萊塢甚至把末日變成一種「恐怖美學」，好讓人類以此獲得自虐式的快感。

其實，這背後引發的集體意識才是眞正可怕的源頭。末日不可怕，因爲人類不會滅絕，地球不會消失。確實會有許多天災，但不是在二〇一二，現在已經開始了——如果你有注意新聞的話！

二〇一二之前，人類的政治和經濟只是兒戲，而科技已經發展到一個瓶頸，卻沒能讓疾病減少或是環境更好；科技的發展也並沒有讓人心更平安，卻反而帶來更多的失眠和壓力，在政治與經濟的失衡下還有更多的不滿足！

科技若要再突破，必須仰賴心靈的力量。換句話說，二〇一二將會是心靈科技的時代，那象徵著舊有集體意識的消滅，末日之說就是這個意思；但**不是生命體的集體滅亡，取而代之的是逐漸翻新的集體意識，那是有著愛與真誠、關懷與感恩的高意識社會**。如果你有注意，你也會在許多角落發現這些與心靈相關的行動，也正被大幅度的展開。

總的來說，現在正處在一個交替期：有（舊有價值）崩解破壞，也有全新（心靈洞見）的建設。這對人類來說正是必要的，並且也是神所給的祝福！確實將會有部分人士在天災人禍中失去生命，但是生命從來不曾消失，只是換換樣子，他們都將過得很好。請不要擔心二〇一二的問題，你也將會過得很好，只要我們保持觀察與覺知，在短暫的顛簸之後，一切都會沒有事的！我將會陪同你們迎接全新世代的開始。

許多人類以外的生命在地球上，似乎總是遭遇不平的對待……我以為我們已經改善了地球的生存環境，我以為人們正越來越尊重自己以外的生命……但是我似乎錯了。

即便是一塊岩石，其中都蘊藏著生命的動能。若以心靈的角度看待環境，你們就不會爲了可笑的理由，以「開發」爲名而進行環境的破壞，更不會僅僅爲了利益而獵捕瀕臨絕種的動物。而那一些被飼養來當食物的動物，也將會受到更爲人道的對待——起碼牠們會知道自己的犧牲是有價值的，而不是被人類糟蹋。

人類改善了地球的環境嗎？這是我和你說話以來最大的笑話！人類是否改善地球的環境並不是由人類來說，你問過北極熊嗎？或是問過返鄉的鮭魚？要不要找每年遷徙的雁子聊聊？或是那剛被原油沾滿身軀的海洋生物？你們確實改善了地球的環境，不過是「適用人類的」地球環境。對於諸多生物，只要威脅到人類的發展或是生存，你們就會毫不留情地進行殺戮或是破壞。

你們對待動物和環境，確實來說並不友善；退一萬步說，你們對這些議題也多是冷漠以對。全世界所謂環保團體的意見和聲音受到重視的程度，甚至比不上一個花邊八卦新聞，而這一切都和你們重視表象和小我遠超過內在靈性有關。

是的！你們甚至不需要知道「小我」這玩意兒，也早已深受掌控而不自覺。大多的時候，你們把「小我」的意念當作你們的心，這一份意念驅動你的腦袋變成想法，然後腦袋負責將想法驅使肢體行動，而忽略了在小我之上那來自於神性——也就是基督、如來自性，或是那被稱之爲佛性的本來面目的提醒。

那一份提醒常化作直覺，以最清晰溫和的聲響迴盪在你心田；那一份良善與慈愛可以撼動一切，甚至創造一切。而有求的小我只講求目的性，甚至可以爲達目的不擇手段，置良善於無物，殊不知，唯有無求之心才能創造最適宜大家的結果。

真如祢所說，有不少人深深被小我製造的表象掌控……

當一個人處在相對與分別的狀態下，便會有「我相」的產生。我相根植於小我，小我屬非神的部分，掌控身體和頭腦；小我讓你以爲它就是你，而你只是一具身體。你以爲是你在掌控思想和調配欲望，卻不知道其實這正是小我的伎倆，它就這麼巧妙隱藏在每一個人的心中掌控著一切，甚至進行僞裝。

在小我的分別意識下，人類便有了善惡、對錯、美醜、好壞的判別……《聖經．創世紀》中那蛇便是小我的象徵，它象徵那自神分裂而出的非神部分；而那蘋果樹正是分別心的開始——《聖經》稱那是在分辨善惡之樹，所結的果子爲智慧之果。確實如此！只是一切「分別」和「對立」的執著也從此就在小我的影響下出現。在那之前，遠在宇宙出現以前，沒有善惡，沒有美醜，沒有對立，沒有一切的分別……一切在至福中圓滿，充滿一體性的秩序，小我卻讓這一份一體性分裂；然而我若沒有允許這一份分裂，你們也將無法如實經歷你們所要的生命。

生命必先從分裂開始，然後走向合一，若是你一開始就知道你們是與我合一，你便失去了品嚐這生命之樹的機會。分裂——合一——分裂——合一……這是神的呼吸和宇宙的脈搏。然而從最終極處看，一切從來未曾分裂，你未曾離家，你我也本來合一；你其實哪都沒去，從你在內心承認並且呼喚我開始……

當下即圓滿

謝謝祢對我解釋得如此詳盡，我知道祢就是愛，愛就是我。但愛情到底是什麼？難道我們非得經過愛情這磨人的過程，才能體會生命的喜樂？

這可是個大哉問！幾千年來，人類試圖從各種角度去分析和解釋愛情的發生及過程，甚至是歌頌偉大的愛情……這話題過去有，現在有，以後仍會有。愛就像是一個圓，沒有開始也不會結束，弔詭的是往往只有「不圓滿」而充滿曲折坎坷的愛情被稱之爲偉大。

這世間其實並不存在「偉大」的愛情，所有愛情的發生都是偉大的！只要是眞愛。問題是，你們多數人是活在「期待」的愛情裡，而不是「當下圓滿」的愛情，如你一般。

祢的意思是說，我之前所曾經有過的愛情都不是真愛？

對你當下而言，那確實是眞愛，只是你在愛情中期待的成分更高，而失去了眞愛該呈現的樣貌。你並非以她當下的樣子愛她，你希望你的伴侶有美麗的外貌、姣好的身材、更溫柔婉約、更善解人意、更犧牲奉獻、無怨無悔、忠貞不二……除此之外，還要可以忍受你的頤指氣使和各種的壞習慣……若眞要如你所「期待」的，那你乾脆去訂做一個吧！

我想那並不是我對愛情的態度。

那是許多男人對愛情的「期待」而不是「態度」。對愛情，你們甚至不夠資格被稱之爲「有態度」！那不叫愛情。你們手上抓著一個，眼睛仍不時搜尋下一個更符合你「期待」的女人，然後所有的女人都成了暫時的替代品；若要我說，這就是大部分男人對愛情的態度！而當部分女人將自己當作可以交換愛情的報償時，就更給了男人這樣的機會。

我不能認同，我相信還是有「本分」的男人會忠心守護他的伴侶，不會變心。

我剛剛說的是「大部分」男人，並非每一個男人。確實有你說的「本分男人」，但是卻寥寥可數；這還是謹守「身體本分」的男人，至於內心也守本分的就更少了！

這是為什麼呢？我是說，為什麼男人非要找「個」女人，甚至是「幾個」女人？難道沒有女人，男人就不是男人了？

要是我的回答是YES，會讓你不舒服嗎？你們曾經有句廣告詞：「沒有女人，男人屌什麼？」說得眞是一點都沒錯！在這陰陽相對的空間中，你們以爲無法失去彼此，失去任何一方自己就不圓滿，直到你們各自從內在發現自己的完整性。

嚴格說起來，多數男性其實從未存在過！你們的「存在證據」確切來說其實並不高。所有的男人都是從母腹產下，都帶著女性的基因，本應恰如其分地展現部分女性的特質；而你們卻創造了父權的社會結構，於是讓男性主義占了上風，然後女性備受壓抑……

嘿！我們是要討論愛情，不是兩性平等……

沒有兩性平等怎會有圓滿的愛情？兩性從來不存在「平等」的概念，因爲在我眼中沒有高低；正因爲你們有大小眼，才出現疾呼「平等」之人。而只要一方高一方低，你們所謂的愛情就會像是立體空間中的X與Y軸，永遠不會有交會的一天……即便短暫交會也是匆匆分離，這一份交會所需仰賴的卻是「存在」二字。

這和愛情有什麼關係？

關係大了！身體和性別只是暫存的假象，要是你們都不知道自己是誰，則你們是男性或女性的意義都不大，更遑論平等！

這是以祢看我們的角度吧？

從宇宙終極的角度確切的來說，你們從來不曾離開過那原在之處而另外存在過，因爲輪迴流轉的宇宙終究只是一場夢境，你們不過是短暫前來世間的旅者罷了，終究是要回歸於本源的。也只有在這有形的娑婆世界，你們才得以在過程中去經驗你們自己，性別的產生只是爲了配合這二元世界的需要和你們的意願。但我要說的不是那樣地形而上，我說的是你們看待自己的角度——不論男女，在這旅程中，你們已經遺忘自己是誰！也不清楚自己眞正的價值！要是身而爲人都不清楚自己身而爲人的價值，那更別說你們可以了解那一份內在神性的存在，而那正是偉大愛情的出處！

內在神性的存在……祢在第一冊裡幾乎都在討論這一點，我們要開講第二次嗎？

不必，我只是要提醒，這問題要是搞清楚了，你們的人生眞的會被翻過一翻；那表示你將帶著清楚的覺察意識行走，而非對周遭的一切懵懵懂懂，世界將會爲你開始清晰起來。

所以祢會建議尚未看過第一冊的讀者可以去閱讀吧！

是的！雖然我知道，其實已經有不少人受到了啓發和感動。而那些經常閱讀第一冊的人，將會發現，逐漸有奇異的事情發生在他身上。

我注意到了，我收到不少讀者的留言和信件向我表示，他們都發生了一些奇蹟。那麼祢對那些生活中還沒有任何變化的人有什麼建議嗎？

弄清楚並相信你所處的這個世界只是一個虛幻的夢世界，小心別涉入太深，這夢世界的一切都非恆常，而是隨時在變化的。佛陀曾說「一切有為法，如夢幻泡影」、「凡所有相皆是虛妄」，祂一點也沒說錯！這「虛幻」一詞絕非形容詞而已！

這虛幻世界的變化取決於每個人的信念與態度，因信念、態度的無常變化，決定一個人言行的變異，然後就如實的呈現於外；也就是說，每一個人都用思、言、行在「選擇」並創造他自己的世界，虛幻世界也因這眾多的選擇而呈現繽紛多彩的樣貌。這世上要是有六十億人，就有六十億個世界，每一個人都是在他自己世界中的神，以便進行創造。我曾說過你們是神，我可一點也不含糊！

我看過一部電影叫做《美麗人生》，以第二次世界大戰的義大利為背景。我好奇的是：當某處正在戰爭或飢荒中，祢這說法是否成立？

當然成立！儘管他並沒有創造戰爭或飢荒，甚至無法立即改變外在條件，但仍能「選擇」自己內在的思維模式和思想內容。環境的艱難或肉體的折磨都只是暫存的幻象，也是無常生滅的，即便是苦也不會長久。體認到這一點的人，就會開始啓動內在的神性，讓當下的苦轉換爲接納與平和，進而在他的世界中創造出非苦的情境；即便最後離開身軀，也是帶著喜樂離去。記得我說過的，生命不死，只是換換樣子。

但是人們若「正在」水深火熱的苦中，或是無比激昂的情緒裡，該怎樣用內在的神性去面對？有太多人並不認為這是幻象，或即便清楚知道這只是幻象，仍無法減輕痛苦和情緒……

對常態性壓抑情緒的人而言，需要的是情緒的移轉。透過一些活動，讓自己的注意力從原本讓你拘束壓抑的狀態中，成功移轉至另一個能忘記壓抑拘謹的狀態，運用外在的力量去讓自己脫離現狀之苦。

你們當中有許多人會利用下班後的時間去KTV嘶吼，或是去小酒館與三兩好友扯淡，你們還有其他類似的活動，都可以達到移轉情緒的目的。儘管有些不是那麼地健康。只是無論如何，時效都相當短暫，通常只有一晚上的賞味期限。當你終於移轉了情緒，也宣洩了壓抑，帶著疲憊的身軀上床，隔天又要面對那惱人的事務，你們的痛苦又開始了。由此可知，你們「選擇」的便是「輪迴」的狀態。

附帶一提，由這些相關娛樂場所的多寡，就可以看出你們社會壓抑的程度。最讓我奇怪的是，有那樣多的人對所謂「娛樂」的定義，竟然只是「滿足生理上的需求」，諸如飲食、歌唱、性愛……甚至對一切於生命品質有益的知性活動失去了興趣。

許多人最感興趣和花最多時間的便是賺錢，似乎生命中賺到了錢便可以擁有一切；你們難道不知道，金錢只是一種世間物質的交換媒介嗎？當你只關注外在有形的一切，卻忽略了內在心靈的需求，這樣的生命可以稱之爲有福嗎？所以，當一個人除了金錢以外一無所有，你們會說他窮到只剩下錢，那名副其實是貧庸至極。

人們總是需要賺錢，而娛樂也是必須的不是嗎？

是的！關於金錢之道，我要說的是，**金錢只是一種被人類集體意識賦予了能量的物質性生命，它是活的，有它自己的意識和屬性，並且有特定的追逐對象**；若人不與那份屬性相應，就只能苦苦追求金錢而不可得，或是容易得而復失。它可以像是長在樹上的果實，輕易地被摘取，但是唯有意識與之相符的人們才能得見。關於金錢，會是下一本談話的重點，你們生命中重要的課題，我都將在這些對話中一一解答。

而關於娛樂，若你們娛樂的目的和初衷，是以放鬆和轉移情緒爲主，其實有更佳的方式可以爲之。治根之道在進入內在，用心靈之眼好好遊歷自己，這並不需要大師灌頂或是瑜伽禪七之類的功夫。

當一切外在都讓你無法忍受、無法改變，找個讓你舒服的場所或角落，試著靜下來，閉上雙眼，關掉手機、關上門，將思維集中在深深地呼吸上，只關注呼吸……屏除一切外界的幻境，而完整感受到自己當下的存在，專注在呼吸；你可以忘掉腦袋，暫時清空記憶讓思維止息，這短暫的靜默片刻將永恆長存，帶來令你驚訝的清晰……

經常這樣做，隨著時間的遞延和次數的增加，內在的覺知就會逐漸甦醒。那裡有軟軟的青草地供你躺臥，溫暖的和風吹拂你每一個毛孔……在那樣的幸福圓滿中，你將會獲得超越幻境的智慧，進而逐步改造你眼前的困境，以便完成你所該進行的。

這呼吸的方式，之前祢曾經說過，不過聽起來像是自我催眠，彷彿只是一種想像。

我沒說它不是，但卻不只是想像。你們已經知道想像力的眞實性，**思維意識若結合內在靈性的覺知，將可以帶動宇宙促成一切的發生**，不論那發生被你們稱之爲幸福或詛咒。所以要小心你們的思維意識，一念生八方動，一不小心就可能成眞，這些我們也已經在第一冊中有所論述。

所以任何人都可以「心想事成」？

每一個人都正在「心想事成」，都正過著他們「所想」的日子。不管現在的日子被你怎樣評論，都無須懷疑是自己所決定要過的，因此無須抱怨！不要忘記，這是「你的」世界，外面並沒有別人，你創造自己的實相——透過思維和內在的靈性之力。

祢的意思是，就算我今天想著要中樂透或是想要林志玲，只要運用思維和內在靈性之力就可以達成？這簡直是開玩笑！

你沒說錯！這確實是開玩笑。「心想事成」可不一定是好事，尤其是對內在靈性尚未成熟的人，也就是尚未「覺知」的人而言。那些人由於沒有察覺到自己內在靈性的力量，也因此正在用「無知的創造力」「創造」他們所要的日子，因爲靈性力量不會因無知而消失；由於無知，這力量可能使他自己和周圍的人出現問題或困擾。你能想像，一個六歲的孩子若拿到一把威力強大的手槍，會發生怎樣的事？

這份創造力是賜與每一個人的禮物，不論他們是否察覺到這份力量；而對另一些內在靈性已經啓發的人而言，「心想事成」的速度便成爲一種靈性昇華程度的指標。奇妙的是，隨著一個人內在靈性的提升，也益發地無求，心想事成與否對他們而言已經不重要了；他們甚至連心念都沒有，那是因爲自然、隨遇而安的態度，也是靈性提升之後的必然結果。是否中樂透或有沒有林志玲出現，都不會影響一個覺知者的平靜；你可以說，正是這樣隨遇而安與無求的態度，讓他獲得可以「心想事成」的能力，起碼外在看起來是這樣的。

內在靈性的力量曾經被賦予許多的名稱，像是「自性」、「本性」、「神性」、「基督」、「佛性」，其實說的都是同一個，對吧？

是的！但其實那份內在靈性之力與宗教無關，**諸法皆可通達那究竟之門**，宗教只是其中一條道路，其實最上層的力量從來不是分開的。**比起宗教，人們更需要的是信仰，信仰那一份自己內在最深處的靈性之力，而非那些塑像，那些偶像的雕塑不過是要提醒，你其實已經具有和他們一樣的內在之力**（耶穌曾說我做的事你們也可以做，佛陀曾說人人皆具佛性）。所以**拜神其實拜的就是自己**（內在之神），並不像許多神棍說的，有某某神明可以護佑你，那些不過是託詞斂財的伎倆。

宗教最初的本意只是要傳遞「領悟」的信仰，並非是要「拱出」一位開悟的教主，而是要讓大家都明白，自己就具有和他相同的神性與悟性，好解除生之苦。只是後人在小我的影響下創造出階級，於是宗教就形成了，許多眞正的大智慧只被少數人把持，好鞏固自己的地位，以接受眾人的崇敬供養，然後拒絕揭露那早就存在眾人內在——那靈性力量的話語：「我就是神！」好讓他們在「愚民」的企圖中享有特殊地位，這一點，東西方皆然。

不論是悉達多或是耶穌，有哪一位不是在平實中展現祂們的教誨與慈愛？又有哪一位如現在許多「大師」一般的衣著與排場？分別心和恐懼威脅，成了宗教最常用的手段，名聞利養變成了求道者的初衷。且不說山頭林立各自表述，攻擊謾罵之舉亦有所聞，難道你沒發現，當前教育人們不要有分別心的宗教，本身就是分別心的集合？傳遞慈悲的團隊正以慈悲爲名進行殺戮？諷刺的是，**「無分別的愛」正是悟道的首要條件**！

上一本祢針對基督教發表言論，這本祢又針對佛教批判，我真擔心我走在路上會被做掉……

他們沒有這麼可怕，你也不用擔心這些，我所說的是就整體而言，沒有針對性。其實他們當中不乏有眞修實練者，也多有傳遞正信者，我只是要強調：小心操弄分別心與威脅伎倆的宗教團體。要知道，「佛法」不等於「佛教」，「聖經」不等於「基督教」。經書尚且未可盡信，何況人言？**凡未經自己親身經歷而被灌輸者，皆屬說食之輩**，所談之事不足爲憑！

這下我非得聘請保全人員了……所以即便是一位有宗教信仰之人或是開悟者，也難免受小我的影響對吧？

你認爲呢？關於這點，你只需走幾趟教會或法會就可以知道。只要你仍有這副身體存在，就難免受小我的影響，畢竟身體是屬小我的；只是儘管這些人仍不時受小我的掌控，也不減損其靈性的價值，因爲於此同時，我也與他同在。他們和你一樣，都穿上肉身衣在這世間經驗與修練，悟道是早晚的事，回家的那一刻轉瞬即至。

所以我們真的不應該因人廢言！有些宗教人士說出的話語仍是那樣的撼動人心。

就算天地都要廢去，說出的話語也不會廢去！話語只是念頭的表示，如果連「念頭」都不可磨滅，那你認爲話語呢？確實不該因人廢言，尤其是當你的心門被狠狠撞開時。你當知道，這些話語便是智慧，儘管說這話的人自己可能尚未做到，仍不減損其話語的智慧和力道。

祢曾經說，內在的神性正是偉大愛情的出處，祢可以再多說一點嗎？對愛情的渴求，是因為我內在靈性的力量尚未健全嗎？

正好相反。對愛情有渴求，正是一個明確的徵兆，讓你知道你內在有一份無與倫比的力量可以支配。我說過，我在你們裡面，而我是愛！只是你們都搞錯了順序；在你愛上別人之前，你應該先愛上你自己。換句話說，「自戀」應該發生在「戀人」之前，而你們甚至對自己是什麼都搞不清楚，就急於投入戀人的懷抱。

只有一個充分清楚自己內在神性之愛的人，可以付出眞正弘大的愛情；小我之愛只是目的性的交換而已，而在這之前，要進行的是深度的自我了解——認識自己！當你眞正可以認識你自己的價值，就會發現，**在外貌的遮蔽下，你們擁有的豐盛資源和力量一直是存在的，而且是永恆的存在！這份真正的力量是要用心靈去發現的。找到這一份自我的認知，便確立了自我的價值，自信與自我之愛便油然而生。**只是你們多數人都被小我障蔽了內在的眼目，看不清自己的眞相，甚至在周遭的摧殘下認爲自己不值，於是更加不能對自己進行深入的思辯與清楚的警醒而隨波逐流著……

你們以爲找到一個「值得」的人，便可以彌補自身的不值，獲得理想的生命品質；以爲找到一個對象投射愛，便可以「證明」自己是有愛的……我實在地告訴你，沒有別人，從來沒有！最值得愛的就是你自己。但你看看他被冷落了多久？而眞愛也從不需要證明，愛是絕對的；**在絕對的世界中，不存在非愛的反證**。如果你清楚，那份被稱之爲愛的內在之力，自始至終就在你身上，你會如何愛你自己然後推己及人？

所以真愛不是犧牲？

我之前已經說過了，從來不必！眞愛會無求地奉獻！「犧牲」只是小我滿足其卑劣的重要性所下的標籤，它必會要求替換之物。任何眞愛的付出，哪怕是生命，都是珍貴的奉獻；唯一眞正能被稱之爲犧牲的是「不自愛」，那是對內在神性之愛的漠視與褻瀆，這樣的人無法給出眞愛，也無法獲得眞愛，因爲他惡待自己。

關於愛自己，要是你們以爲，用一切外在的物質滿足自己或是化完妝後的攬鏡自照即是，那你們還不懂我的意思。物質的層面極其膚淺，所有重要的觀念與智慧都不是在眼睛看得到之處出現，而是存在靈魂覺識當中；眞正愛情的發生，是從發覺內在靈性之力開始，並且努力維持與提升心靈能量。而你們有許多人不但一整年不讀一本書，甚至連安靜片刻都做不到，並且透過做著傷害自己的事情來「愛自己」，還爲之編織合理的藉口，然後還奇怪，爲什麼自己在情感上諸多不順？

原來不自愛是這麼嚴重地挫敗了我們的人際關係與親密關係……聽完祢說這些後，我想到我們有句話說「愛人者人恆愛之」，現在應該要改為「愛己者人恆愛之」或「愛己者恆愛人之」才對……

「愛人者人恆愛之」要闡述的是一份博愛的精神或是慈悲的態度，其中仍有「討愛」的想望；只要是有求之心，都並不究竟。而博愛乃包含對一切之愛，也包括對自己之愛；但是你們的價值觀卻將對自己之愛屏棄，你們稱這是「自私」。

我要再重申一次，你不愛自己便不能眞正愛人，惡待自己才是眞正的自私！我看見許多人將自己的需求放在最後，一切以他人之需爲先，這正是誤解了愛的表現。「對自己好」永遠值得放在最前面，因爲你會從中注意到，有多少人尚未達到那樣的「好」，而願意伸出援手進行「無私」的協助，然後讓自己變成可眼見的證據，好引領更多人前進，就像你現在所做的事情一樣。

祢說的是我現在正在進行的工作嗎？

還有你目前的生活。

我現在的日子對某些人來說，確實是值得羨慕的，而我也毫不猶豫的透過研討會跟大家分享我所知道的。

一個人懂得愛自己，就能用愛對待世界，然後世界就會回饋予更多的豐盛！說說你的世界是怎樣的回饋你的愛吧！

唔……要說嗎？我一直認為低調一點比較好。

少來！你要眞是個低調的傢伙，我就不會挑你講話了。你是因爲恐懼他人的妒忌吧？那些都不必在意，若能成爲內在靈性力量在世界豐盛的證據，就算是被妒忌，你也沒有遺憾了不是嗎？

那我挑重點說。自從今年五月第一冊書籍出版以來，短短幾週首刷就已經售罄；然後是研討會的報名者踴躍，連接著幾梯次都滿額；我被邀請到各地演講分享，還有許多從前只能在媒體與書本上看見的名人主動表示要認識我……然後如祢所說的，繪本的畫家出現，電影的腳本出現，大陸的版權洽談，還有人打算跟我簽經紀約或合作辦研討會……所有需要的人才或助手也自動前來，我只需要篩選即可。財務部分早已經不像以往那樣吃緊，因為南來北往奔波的關係，隨著開銷的增加，我的收入也增加；儘管以往的債主一下子聚合商討欠款，我也不再擔心害怕，心中就是有一份篤定的知曉我可以解決……

一句話總結，你就是「老神再在」對吧！你現在終於知道爲何當初告訴你力排眾議以此爲書名，我將會讓每一位用心閱讀的人都能夠「老神再在」。你的日子難道不是因爲心靈的「老神再在」而產生了巨大的變化？

是啊！這真是奇蹟……以上的發生都是在我日常生活進行中自動出現，彷彿是被「吸引」過來似的……儘管事多，我卻不忙不亂，日子依舊平靜愜意。

你認爲是什麼讓你現在的生活和過去大相逕庭？

因為上一本書？

那是果，不是因；正確的說，是你改變了你自己的內在程式，讓內在靈性的力量得以呈現，於是你的世界就變了！這改變從二〇〇八年五月就已經開始，看看兩年半後現在的你……我眞是忍不住要爲你喝采～Good job!!

謝謝祢！我要為我所獲得的向祢獻上無比的感謝！

因爲你值得……

謝謝祢！但我還想做點什麼……我看著許多人仍活在自己營造出來的困境中哀嚎，對他們來說，這已經無異於地獄。祢知道，我曾經在大年初一的深夜，見到一位相貌堂堂的先生坐在銀行前的騎樓行乞；我心想著，大家都在過年，他卻要在這邊乞討，於是我將身上不算多的金錢給了他大半，怕鈔票被風吹走，還塞到他衣服裡……離開後，我仍頻頻回頭，想著他這個年怎麼過……對這些人，祢能為他們做些什麼嗎？

我明白你的菩薩心腸，但我做不到！這答案肯定讓你吃驚。但就如許多人不明白神是怎麼回事一樣，他們也不明白自己的人生是怎麼回事；直到在事件撞擊或是歲月的推遷下，他們終於有機會一窺內心的實相，才會發現，原來心想事成的祕密就在自己身上，根本無須外求，因爲**窺見實相的人將會知道神與他自己並沒有分別**……要體會到這一點，必須要先徹底認識「一切的一切都沒有分別」；換句話說，他必須在思想上將一切已經分裂的相對關係重新歸位——歸回那統一的位置，對一切不再有論斷、比較、分別、批判、標籤、預期……如是地觀照一切，如此，也將讓一切如實呈現。

祢這答案好像跟我的問題搭不上呢！

我已經說了徹底解決類似「問題」的根本辦法，果眞依言而行，沒有人會在路邊流浪乞討。

就這麼簡單？不貼標籤？沒有分別？如是觀照？這樣就能不出問題？

你可以試試看在你生活中這麼做，看看會不會減少問題的發生。多半你們會出的問題都在自己的腦袋！你們不知道你們看見的一切只是腦袋（小我）要你看見的，一切在電光石火中發生，以致你們幾乎察覺不到，看見的其實只是似眞的幻象；你們在思維上論斷，在言語上貼標籤，這樣如何能如實呈現事物眞實的風貌？**你們不過是看見或聽見了經過你們腦袋「加工」過的副產品！**哪有眞相可言？而痛苦便是來自於此：**一旦有了分別心的「加工」，就等同於在你的幻象中給了小我通行證**，又強化了這份幻象，於是陷入惡性循環，無有清醒之日。

幸虧祢說明了，不然祢這樣斷然地拒絕，會讓我覺得祢眞是沒有慈悲心……

慈悲心？你認爲慈悲心是什麼？你又爲何認爲神該對你們咎由自取的結果展現慈悲的態度？你們何時才能學會負責任，眞眞正正地承認與接受，一切都是你們自己的關係所造成，而非選擇當一個受害者，像一個哭鬧的小孩，處處要求老天滿足你一切的需要？

神並非「應該是」慈悲的化身，但也絕非某些人以爲的不仁慈；**神本身並沒有一個可被人類語言規範或定義的屬性存在，神的表現最接近的說法是一個「愛」字。**但即便是神的愛，也與慈悲無關！

你們都誤解了慈悲的定義，眞正的慈悲並非只是給予及時的救助，而是從根本上的解決問題。照我的觀察，所有你們目前會發生的問題，皆是出自於不懂自己內在的力量，更根本的說是不認識自己，解決之道是：協助你們了解自己的力量，而非給予讓你們繼續依賴的救助。

有時候你展現愛的方式就是「超然的旁觀」，默默地關注著，而非跳下去與之同悲同苦；那樣做除了造成更多的問題與依賴之外，也無法幫助對方成長。生命會透過智慧與自由意志找到解決問題的出口，有的時候他只是需要一個聆聽的對象，這也是我最常做的事——垂聽禱告。只是禱告的應驗仍必須要當事人身、口、意的配合。

祢的意思是，人們必須要謹慎的控制好自己的思、言、行，對吧！這祢在上一本書，談到潛意識那篇有說到。

是的！你們到現在還覺得這很難嗎？我實在地告訴你，只是「留心話語」罷了！**時時刻刻留心自己將要脫口而出的話語，說出之前，返回覺察自己起始的思維，然後觀照那份思維是否令你平安。**如果是，那麼就可說；如果不是，那就控制好思維，不使之變成意念脫口而出。你們處在一個資訊爆炸的時代，人們腦中各種思維紛飛，要從意念上終止妄念，只有少數人能做到。那麼從留心話語開始吧！單只這一項，就夠很多人修上幾年了，後面還有更多的功課呢……

想不到我們竟然可以從愛情聊到這麼多……照祢的說法，小我分裂自神，而又是這樣的根深柢固，臣服於小我已經是不可為，那降服小我做得到嗎？

你認爲你做得到嗎？

很難！說實話是挺難的！很多時候，明明覺察到將要脫口而出的一句話是小我的思維，還是說出口，明明知道不該做某件事卻還是去做……而結果往往最後將我們帶到失望痛苦的地步，就像我這次陷入迷戀一樣……

但是你們又愛這一份「痛苦」，享受在欲望中追逐的苦與樂。你們以爲降服小我就可以去除痛苦，那或許可能，卻做不到！因此《聖經》中保羅曾說「我所願意的善，我反不做；我所不願意的惡，我倒去做」，要是連你們的聖徒都做不到降服小我，你又憑什麼認爲你可以？

是啊！祢為什麼要讓小我是這樣地不可逾越？那樣弔詭？堅韌又惱人，不肯罷手？

你爲什麼不說，小我是這樣地誘人到無可抗拒？創造力強大到無與倫比，帶來的精采豐富到目不暇給？

祢這是在說反話嗎？祢說「祢和小我其實是一體的」已經讓我很訝異，聽祢讚美小我，更是刺耳。

我並非讚美小我！只是要告訴你們：**小我和這世界的存在，並不需要詛咒，也不需要逃避，它存在的目的是為了要帶給你們躍昇的喜悅，好讓你們超越……任何一個存在都有其價值，你需要做的是去發現它、應用它，然後超越它。**當你詛咒任何一個存在的發生，你也失去了你自己的祝福！

但是小我帶來的希望和喜悅都是短暫的，隨之而來的不是失落就是更大的痛苦！這並不是一個恆常完美的世界。我承認，小我的欲求是推動人類文明進步的動力，只是祢看看，現在地球成了什麼？我們有更好的科技，但是卻有更深的孤獨感；我們有更充裕的金錢，但是卻也有更多的不快樂；我們有看似理想的政治，但是也有更多鑽營苟且之輩；我們有越來越多的人奉獻行善，飢餓的人仍未減少……更別說祢之前講的那些環境問題，不也是在小我的貪婪下造成的嗎？

所以誰說世界是完美的？

誰說過世界完美？世界本來就不完美！

但是你們都想盡辦法在「世界」追求完美，對吧！要是世界已經完美，你們就和我一樣無事可做。

我不否認，我們樣樣要求更好、更快、更多，更舒適、更方便、更安全……

要是沒有小我的「欲求」，你們做得到嗎？即便那幾乎被稱之爲「更」貪婪。

好吧！若祢要將人類世界的進步完全歸功小我的欲求，我可以理解；但祢的意思是，我們倒要「感謝」有小我這一個永不滿足的傢伙對吧？

你看起來倒像是「歸咎」……

我是說，世間的「問題」之所以越來越多，完全是因為小我的作祟！

那是因爲你忽略了小我也帶來你們現有的成績。充其量，你能說，世界目前仍未臻完美；但是你不能否認，是小我的力量帶來你們目前在世界享有的一切，不論那被你稱爲好或壞。我曾說過：**在不完美中存在有完美，端看你們用怎樣的視角，因為，若你曾有任何一刻用靈性的視角觀察，你就會發現，一切的存在與發生都是那樣地完美無瑕**。

或許我太過偏激，但祢真的不可否認，小我也帶來許多的問題！例如貪婪或是戰爭……

所以你認爲那都是我搞出來的？

祢自己都說，小我和祢是一體的不是嗎？

小我是我的一部分，這和「你們的內在有小我」是完全不同的。

我認為這是祢在為自己卸責……

小我是我的一部分，是因爲它無法不是我的一部分。我用愛與接納包容一切，涵養萬物，但是你們的內在有小我，並用以創造你們的世界——不論這世界被你貼上怎樣的標籤，這就不是我能干涉的事情了。儘管我很清楚你們的矛盾情結：你們必須要有矛盾，否則單憑己力無法平衡——小我的「平衡」必須仰賴「矛盾」。一方面，你們愛上那小我的欲望和創造力；另一方面，你們又痛苦於這世間的無常和小我最後會帶來的毀滅結局，就像你矛盾於靈性與情、欲之間一樣。

是啊～～怎麼辦才好呢？我認為它幾乎已經是具有神性的惡魔了……該怎樣讓小我順服呢？我該如何在靈性的覺醒和情、欲之間走出一條路來？這看起來完全是相悖的，彷彿取了一個，就要放棄另一個……難道沒有圓滿之道嗎？

你的意思是，小我阻擋了你在靈性和情、欲之間的道路，讓一切變得不圓滿？

不！我是說，我要追尋靈性的覺醒，超越這幻境；但是屬小我的情、欲，又深深制約著我，無法滿足的情、欲讓我有生命不圓滿的遺憾……

靈性是不生亦不滅的，而這小我世界的一切，都將在時間的摧殘下消滅殆盡，只是你們竟都活得彷彿日子可以永久一般；於是在你不知道的日子裡，死亡的腳步就近了，它開啓了另一扇救贖之門，好教你們脫離幻象。

情、欲只是一種身體假有的覺受，像海潮一樣來去，並不眞實；要控制好這一點，只需要收攝對感官的依賴即可。不要隨感官的欲望而行，這並非戒律，只是一個建議——一個更快速幫助你們覺醒的建議。

你們本就圓滿，情、欲的發生絕非因爲內在的「不圓滿」，靈性的理想和情、欲也從來不是衝突的，你們來自於神，本就是愛！自然會仿效神具體而微的行爲，那便是愛的展現；當然它更不是小我的作祟——除非假愛（假愛會生出的煩惱多過你的想像）。**當你用靈性的意識而非頭腦或身體的意識去面對愛情，你就兼具靈性與愛情二者了**。

至於欲望，雖然最後總是破滅消失教你失望，即便如此，仍然不減在過程當中它們所蘊含的智慧和祝福。有多少次你因「追逐欲望」的過程或結果，而對生命有所領悟？那是帶你脫離「生之苦」的領悟，畢竟，**若非經歷生命中的情、欲之戲，又怎能領略生命這豐盛的海洋呢**？你們雖受屬小我的情、欲影響，但卻不影響你們同時獲得靈性圓滿的結果——那是我對你們的承諾，帶你們回家！

長久以來，我一直和小我爭戰，和情、欲對抗，也因此我處在深深的壓抑中……

小我存在的目的不是讓你爭戰對抗的！小我存在的價值是用來幫助你們超越這幻象的，善用它而不為它所惑，永遠對小我保持清楚的覺察，明明白白地和它共處並且觀照。

和小我對抗，其實也就是對你自己和對我宣戰！難道你不知道我是阿爾發，我是歐眉嘉，我是創造與毀滅，我是至高與至低，我是吸引力也是排斥力，我是一切的是和一切的非……眼目見或不見，皆在我內。你試圖要和小我「爭戰」，還期待它會順服？爲什麼不是你順服？你認爲你會贏得這場爭戰？如果你稱它爲爭戰的話。

我……我不認為我有這把握……

既然你已經知道小我也在我之内的話，那麼你認爲曾經有人和小我爭戰勝利的嗎？

我認為不可能！除非祢允許……

我會允許嗎？

我不知道，有人因祢允許而成功戰勝小我嗎？

我不會允許，畢竟誰能和至高的主抗衡呢？但也因爲如此，我不會不允許，因爲我悅納一切！**凡是懷抱對抗企圖的，都將持續的被困在戰場裡；只有那接納一切的，方能超越**。面對小我也是如此！

我發現很多時候，只有當真正可以「接受」和「不在乎」的時候，才是可以大刀闊斧前進的時候。

接受是一種涵養的層次，不在乎是一種放下的境界，因爲放下你就能輕省了！所以，**接受讓你提升，不在乎讓你自由**！

是的！說得好！不在乎讓我自由！

那你現在又爲什麼爲情所困？你不能不在乎她嗎？

我……好，這正是我想要跟祢討論的。為什麼當我們愛上一個人的時候，會那樣在乎，甚至會失去理智般地做出一些違反常態的事情？

例如哪些事情？

就是像……《戀愛症候群》那首歌所唱的……

那首歌應該改名爲「迷戀症候群」。

好吧！迷戀就迷戀！難道愛情不可以從迷戀開始嗎？

如果你眞想得到她的心，迷戀可能不是一個好主意，那只表示你是一個貪戀表象膚淺的傢伙，也無法在她心中留下長久的印記。眞正的愛情並非由迷戀開始，當你迷戀時，你愛上的只是你「想像」中的對方，這和對方確實是怎樣的人無關；說穿了，**迷戀的人其實只是在跟自己的腦袋談戀愛，那並不是愛，只會讓他陷入更深處的幻象，和真實的愛差距甚遠**！也因爲距離越遠，於是越得不到，隨之而來的就是痛苦，只是你們以爲這是「愛之苦」，皆認爲這是愛的必經過程。

錯了！眞愛從來不應該帶來痛苦，卻也不一定會帶給你喜樂。**愛是超越一切的中性**，你們在愛中的痛苦與愛無關；更非對方加諸的，根本是自己找來的，只要觀念稍微一轉變，痛苦就會消失。**轉念，是最大的奇蹟！**

我以為滿足所願才是最大的奇蹟。

我已經滿足你們的一切所願了！你還需要怎樣的奇蹟？**真正活在豐盛中的人，不是那擁有最多的，而是那懂得知足的人，一顆知足的心才能真正做到「無求」。**

所以我不應該要求得到愛？我只是要求得到我心所愛的人，就是不知足？

讓你驚訝的是，往往就在你「無求」中，你的願望就實現了。之前不是說了眞愛是無求的嗎？你可以試試，要不那些大師們怎麼都會教導「無求之心」呢？

這很難！活在紅塵中總有七情六慾，該怎樣去除「有求之心」呢？

問得好！要去除的並非是「有求之心」，欲望的念頭不是你可以消除的，古往今來幾乎沒有人可以做到，而超越它更是你們不可避免的道途！只是你們對結果的執著將會讓你們深陷其中，帶來更大的痛苦。因此佛陀曾說「求不得苦」與「愛別離苦」，**這一切的苦都可以透過放下對結果的執著而做到；一言以蔽之，就是順隨的態度——「隨遇而安」**。

所以我應該放下對她的執著？現在這對我來說確實有難度，愛情沒有辦法說放下就放下吧！

你認爲你做不到嗎？

聽祢這樣說，好像我最後仍然不會得到她的愛……

既然你如此地痴戀，那好吧！我們先談談她。你是怎麼對她表白的？

我在她生日時邀請她共餐，但我的意圖很快被識破了……不久她回覆我，她已經另有對象……真窘……我簡直是一個自作多情的傢伙！祢知道當我發現我不可自拔的「迷戀」上她後，我簡直……簡直就像回到十幾歲第一次談戀愛那樣的感覺，很緊張又很興奮，有一絲絲的不安卻又期待不已……真是的！都已經快要不惑之年了……竟還會有這樣不成熟的表現！真是難為情……

沒有什麼事情「應該」合於你的「以爲」，如果你不是和萬物一體的話。也就是說，她之於你，仍然只是你外在客體世界中的一個女子，你迷戀的只是你內在投射於這外在客體世界的意向——**你其實在呼求愛！因為你尚未發現你自己就是愛！**

而當你體認到自己與一切眞正的「合一」，所有的一切都將成爲你的「本體」，不再有「外面」或「別人」，所有的造化都在你內合而爲一；而你也不會再產生「以爲」的預期心態，因爲所有發生的事都是這樣自然而然地呈現，水到渠成，你看著一切都會是好的，就像是我看到的一樣。

是啊！看看這份該死的「我以為」為我帶來多大的困窘！

不要批判你自己！愛情的發生是超越年齡的……你應該很高興你年屆不惑仍有一份追求情愛的赤子之心。表白被拒沒什麼好難爲情的，起碼你忠於自己的心並且努力過；而且透過這次經驗，將爲你帶來巨大的成長。要知道，沒有幾個男人願意承認自己是自作多情的，更別說承認那只是一份迷戀！當你如實地接受你自己，並且對之眞誠，宇宙會回饋給你不可思議的豐盛。

我現在還深深地陷在這一份迷戀中……如果我不想這樣下去，我該怎麼出離？

這不會太久。我已經告訴過你，這份迷戀是我和你一起安排的，目的是爲了要療癒你，她只是配合演出的一員；這是要幫助你釋放你早已遺忘卻未曾過去的傷痕，透過這經驗，也讓你學會情感和欲望的功課。

用傷痕來療癒傷痕？眞有一套！祢說要療癒我，結果卻是讓我陷入七上八下的心境……這是哪門子療癒？還有，我到底是哪裡需要療癒了？

其實這兩年來，你在伴侶角色的表現上已經超越以往；但對於情愛，你仍然有諸多的困擾，你以爲此生情愛問題無解，卻不知道那正是引領你走向開悟的重要過程。當你抗拒面對，靈性的追求就變成一種逃避情愛問題的障眼法，一日不面對就讓你一日不舒坦，如梗在喉……終生都帶著一份「不曾愛過」的遺憾。

所有生命的課題都可以追溯到你們與原生家庭的關係，這其實是你和你父親的問題！

我父親？我現在和父親的關係很好，我們不是在第一本時就已經解決這個問題了嗎？

當時我們解決的是你當下對父親的態度問題，但是幼年的你當時所遭遇的傷害仍未解決。若要根本地讓你此生可以眞正「起飛」，便要回到更早又更早以前，那個在受虐以前不斷呼求父愛的你……

我承認我對父愛曾經有過渴求，但這跟我的愛情有什麼關係嗎？

表面上沒有直接的因果關係，但其實宇宙中沒有兩件事情是無關的。你知道蝴蝶效應的存在，這無形的網絡讓一切都與一切相關，若不透過一個吸引你的女孩（特別是她有你母親美麗的特質），便不能把你內在那不停呼求愛的孩子帶出來……你之所以會追求與表白，完全是因爲你內在有一個對愛不停渴求的孩子……他在討愛！

只是這次是透過一個足以迷惑你的女孩。你像飛蛾撲火一般失去了該有的理性和冷靜，就像孩子看見心愛的玩具飛奔而去一樣；你可以因此知道，當一個人內在對愛有所渴求時，會做出多麼不同於平常的事情。

飛蛾撲火……祢這麼形容倒真是貼切……

關於討愛，在性成熟以前是對父母討愛，性成熟之後則對異性討愛，你們從很小就學會了對情、欲的占有。幼年的你並不缺乏母愛，在你當時稚嫩的心靈裡獨缺父愛……其實嚴格說來你並非是缺乏父愛，因爲愛不論是單方面來自父親或母親，都不影響其完整性，眞正令童年的你無法感受到父愛的是你父親的對待。儘管那是你入世前的選擇，但那確實不是一個孩子所應該要承受的，因此這安排好的橋段是一個禮物，做爲一個引發這段療癒過程的開始，好讓你更加圓滿。

對於你的療癒，她的出現相當重要，你沒說錯，她是你的天使；療癒天使！可以對她說：「You completed my life.」然後好好的謝謝她！

如果她願意給予會面的機會，我會告訴她的！不過我想，也許她已經完成她階段性的任務了，成功的開啟了我的情感，後面的事我要自己面對。

你永遠應該自己面對情感的課題，而且要勇敢地、赤裸裸地面對自己最眞實的情感，這永遠是選擇的問題。對愛敞開，愛也將對你敞開。也許她將參與中間的過程，也許不，但現在她只是一個開頭；做爲一個開頭，我必須說，她的角色扮演得很好，而你也終於做了恰當的選擇。

謝謝祢！原來今生的一切遭遇都是我們的選擇，從父母到愛人，甚至是我和祢的對話……無論好壞，原因皆是自己的選擇，無他人可以歸咎。

沒錯！我們不久後還會更深入討論這問題。既然這是一段療癒的過程，現在你將要進行一段童年回溯……你準備好了嗎？

我需要做些什麼？深呼吸嗎？

還有，把你最近新買的音樂CD放入吧！你會因爲這音樂，更快速地超越時空……

（音樂開始，畫面出現）祢讓我想起好多往事……我看見我們住在倉庫裡，我三歲……媽媽抱著我靠著柱子坐在椅子上，拿著葡萄剝皮去籽餵我吃，我看著媽媽，媽媽好美……我看見媽媽在流淚，因為爸爸去跑船，要很久才回來……媽媽想念爸爸……

（畫面跳）我看見爸爸回來，我和媽媽都很開心，我在地上、床上爬來爬去。忽然我聽見爸爸對媽媽嘶吼的聲音……然後是摔東西的畫面……我靠近爸爸想安慰他不要生氣，卻說不出話來，只能呀呀地叫著……然後看見他惡狠狠的眼神瞪著我……我很害怕，接著也哭了……爸爸繼續摔東西……家裡已經沒多少可用的東西了……我內心恐懼到極點，我的爸爸一定是討厭我，不愛我和媽媽，才會這樣……想到這裡，我哭得更大聲了！然後是無聲地哽咽啜泣……哭泣時我有一種心碎的絞痛……直到我在媽媽懷中哭著睡著……

你剛剛回去了一趟一九七四年……

是啊！真神奇！簡直歷歷在目！我幾乎可以伸手觸碰那三歲的我……真沒想到我還能「看見」……

你還可以安撫他，任何時候。只要你願意，你就可以回到從前去進行療癒，用同樣的方式。眞正的時光機器就在你神識之中……你看見這些畫面，有什麼感覺？

很悲傷……心中有一種被父親遺棄的感覺……看見那孩子哭，我也哭了……

哭完後會好很多！那孩子只是想要被發現、被注意……他有滿腔的委屈要敘述，他有無盡的愛等待滿足……他需要愛的灌溉以便成熟，否則他便會成為小我的幫手。你應該記得，這些年來，你的小我曾經是怎樣地使壞吧……他不壞，他只是在討愛！

我們還沒結束，你還有很多需要回溯的……這一次你要「IN」進去，而非只是在一旁觀看。來一段〈新天堂樂園〉吧！

（音樂開始，畫面出現）我看見自己正開心地在騎兒童三輪車……兒時的我穿著媽媽幫我買的吊帶褲，紅色條紋毛線衣；然後我走向前去蹲下來看著那孩子，他對我傻笑，嘴角還有口水痕……我一把將他抱起，摟在懷中，告訴他，這一切不是他的錯，他是深深被愛著的……我看見才三歲不到的他居然像是聽得懂似的，而且流下淚來……然後他又往我身上一撲，像無尾熊一樣黏住我……我給了他一個深深的吻……看見他呆呆微笑的表情，我也不禁感動莫名……

（畫面跳接）我看見年輕的父親正板著臉孔聚精會神地進行他「新事業」的研發，他穿著汗衫，汗珠在他額頭上閃光……父親這時還不到三十歲吧！年紀比我現在還輕。我悄悄地走了過去，從後面輕拍了他的肩膀，他回頭一臉錯愕，好像不認識我……我對他說，我是你兒子，那個昨天剛被你打過的孩子。

我看見他一臉的不可置信，他邀請我到「客廳」——那個只有一張大床和兩張椅子的空間坐下。就這樣，我和年輕的父親進行了一次「友誼」的談話，真的是友誼，就像是哥兒們一樣。他告訴我他自己的成長背景，經歷怎樣的內在煎熬，又說他其實不是愛打小孩，是有一股對他原生家庭的恨與對孩子的期待，偏偏我當時又那樣的幼小，無法立即長大替他圓夢。種種情緒夾雜在年輕的父親心中，加上鼻炎導致的頭痛，於是從沒學過情緒控制的父親，一不小心就容易把情緒透過肢體呈現出來……

我幫他進行了靈性諮商，療癒他對原生家庭的恨……並且告訴他，這樣對待孩子的方式將引發這孩子在成長之路的許多問題，也將帶給他困擾。他當下雖然謙虛的接受了，但還是用那對付外人的應付嘴臉（我猜他不相信我是他兒子）……結束後我給了他一個保證令他終生難忘的擁抱（我長大後從沒擁抱過父親）。我抱得老緊，遲遲不鬆手……眼淚滑落在父親的肩上……

看見年紀比你小的父親感覺如何？

或許祢應該問我，對自己的父親進行諮商的感覺如何？

坦白說還不賴……但是仍然有幽微的無價值感，他居然把他的孩子當成陌生人……我很難過，仍然感覺像是被遺棄的孩子。

儘管你的父親始終沒有遺棄你，但受虐的感受太深刻，對你形成了另一種心靈上的遺棄，以致那孩子從那時開始，便感覺不到父親對他的愛。他在心中挖出壕溝，先是淺淺的，隨著父親的變本加厲逐漸深刻……然後那壕溝漸漸大到可以容身躲藏，好逃避來自父親的攻擊……直到他大到可以進行反擊，於是才有你後來和父親的諸多衝突。

有了這個經驗，你可以愛「回去」幾次就回去幾次，因爲療癒可以是瞬間的，但療程卻是終生的，**生命是一段不停修正的過程**。

我的哭泣跟音樂有關嗎？剛剛祢提醒我要放音樂，這並不是我寫作時的習慣，但是用在「回溯療癒」卻似乎起了重要的功能。我最近買了好幾張小提琴的CD，祢知道嗎？直到被一位好友推薦，我才記起來我曾經有多愛小提琴的音樂，好幾首世界名曲在不同年紀都曾經撼動我的心靈，而我卻從不知曲名……但儘管如此，我還是深深地記得當初聽到這些曲目時的畫面和感動……謝謝祢提醒我，音樂給了我

「回到過去」的通道……

那些讓你得以回溯的音樂，都曾經是在你成長過程中烙印在心海的音樂。音樂是記憶的窗口，可以在療癒的過程中提供重要的引導，音樂是除了數字以外另一個揭櫫宇宙的工具。那位你說的好友將會是一位對世界而言重要的人物，他不會只是一個律師，他將影響許多人，儘管他異常低調。

哈！這我跟他說過，他很好奇他將會怎樣的「重要」。

他需要知道的，你都已經告訴他了。當他越來越了解傾聽直覺的聲音，就會清晰地獲得他要的訊息。

有人說律師是「魔鬼代言人」，祢也這麼說過我。我猜我們倆會成為好友，跟這名稱脫不了干係……呵呵！

會不會有那麼一天，在眾人的眼中，你和他都是神的代言人呢？

這我可不敢想，太僭越了……

他曾推薦你看一部很有意思的影集，其中有一段台詞這樣說道：「**人創造的神才對人起作用，神的神，還神嗎？**」又說：「**所謂的奇蹟，只是一般人頭腦所不能理解的平常事。**」對神性的合一來說，這是兩段提綱挈領的重要對話，因此你認爲你有僭越嗎？**當你如實地扮演你最高、最真實的自己，彰顯那樣的你自己，你就是神，神也是你！**

你們每一個人都可以是神的代言人，只是有不少人選擇了自己創造出的魔鬼。只要深刻地認識他自己的本質就是神——那如如本是，不生不滅，不垢不淨的存在，任何時候他都可以是神的代表，創造自己的世界！

我明白了……謝謝祢！我認為這個話題我們還有得討論，但是請原諒我暫時無法繼續……今天談了許多，我思緒紛飛……我需要一點時間消化……我想我可能需要出去走走透透氣……

打電話給E小姐吧！陪她吃個飯，不久前她遭遇了職場上的問題，你透過電話幫助了她，我相信她會很樂意陪你晚餐的，好好享受你的療癒之夜吧！

昨晚我們一起前往一家小酒館，喝了我好久沒喝的雞尾酒。我的酒量並不好，那杯酒並沒有喝完，只是我們談了好多話。祢知道嗎？她竟然看出這「表白事件」是祢鋪的梗，好讓我透過這事件發覺並療癒那童年的缺憾，我猜祢也對她暗示了些什麼吧！

我說過你的身旁處處有天使！

回家後我一反往常，幾乎沒有睡意，精神超好！眼前的一切都是那麼地新鮮，我像是孩子一樣的興奮……直到天亮我才微微闔眼。

睡醒後，竟有著超乎尋常的平靜。這兩週來的心神不寧和七上八下，在今早起床時一掃而空；我甚至開始搜尋記憶，究竟是為了什麼，我會為了一個其實了解有限的女孩而魂牽夢縈，那個兩週來教我思緒紛飛無法平靜的女孩，竟在我心中煙消雲散。我的心境恢復了平常，原來真的只是一場「迷戀」……

恭喜你！你內在合一了——當你終於療癒了你那不停呼求愛的內在小孩，你會自然地將世界視爲與你一體，那是合一狀態；當然這份合一也包含那女孩在內，她將不再是一個來自你外在客體的「迷戀對象」，因爲當你與一切合一，就沒有「外在」之分了……除非你能如此，否則無法了解愛情的眞意與解開情感、欲望的祕密。

我不太明白祢的意思……

在二元對立的世界中，由於源自內在那一份「自以爲」的不圓滿，你們以爲必須要找到一位「伴侶」來完整你自己，於是你們投射出了「自我本體」和「外在客體」的幻象，然後在「外在客體」的空間中展開追逐。你們不只追逐伴侶，還追逐一切你們認爲「匱乏」的，不論是金錢或是其他——就是那深深讓你們感覺不圓滿、不足夠的，這便是「情、欲」的開始，也是一切煩惱的開始；因爲情、欲皆起源於不滿足，而這世界又永遠不會滿足，不論你有多少的情、欲，都塡不滿世界的欲望。世界是貪婪的，一如人心！

難怪所有的宗教都教導要去除情、欲。

宗教無法去除人們的情、欲，因爲那正是你們的天性，呼應著世界在人們眼中的不完美而企圖將之改變。宗教可以提供心靈的安歇處，但是無法改變人的天性；人們或許可以停止對情、欲的追求，但是無法停止欲望的出現。

接納它、覺察它、經歷它、控制它，會是更有效的方法。你可以看看，有多少宗教界人士面對情、欲時，仍然敗下陣來，這只證明壓抑情、欲不是好辦法，只會讓它長大反撲！

我們有許多宗教都談到，情、欲會帶來永無止境的煩惱……

情、欲確實帶來煩惱！因爲你永遠不會追逐到你要的；即使追到手也難以長久，更不要說在追逐的過程中你所要忍受的痛苦——求不得苦，以及追逐到手後的失去之苦。但弔詭的是，沒有情、欲，你們之爲人類的功能性就失去了一半！情、欲是一種祝福，要是看不清情、欲所要帶給你的禮物，你甚至會錯過這一生最寶貴的領悟。我說過，**你生命中有多少的「領悟」是因為對情、欲的追逐而產生？**

在祢說明之前，有那麼一段日子，我甚至是以消除自己的情、欲為榮……企圖讓日子因此平淡恬適。

你說的是壓抑吧?!你成功了嗎?

沒有持續很久，我就開始蠢蠢欲動了……我必須老實說，那過程一點也不平靜。我現在可以理解祢說「那是天性」的意思……但是我想，很多人還是會認為，既然消除不了只好壓抑……

他們要消除的其實不是情、欲，而是對情、欲執著帶來的煩惱，那才是眞正屬小我創造出來的東西。情、欲是天性，煩惱卻不是！但是壓抑情、欲幾乎變成你們目前最大的煩惱。

每天有多少人是壓抑著自己的眞心、戴上面具說話做事？甚至是戴著面具談情說愛？諸多宗教教導大家滅除情、欲，那是因爲知道，在你和情、欲的追逐中，必會有「得到」與「得不到」和「失去」這三種可能的狀態發生。任何一種狀態都會帶來煩惱，而煩惱會帶來痛苦；即便擁有之後，也必會產生「害怕失去」的痛苦，那更不要說眞正失去時的錐心刺骨。

宗教企圖消滅這些痛苦之因，只是他們弄錯對象了。**造成痛苦真正的原因不是情、欲，而是情、欲的污名化，以及逼不得已的壓抑和消除不了的執著**。所以，你們是否應該要和情、欲和平共處，並且還給它應有的價值？只有用接納去釋放情、欲，才是解除壓抑的方式，那也才是情、欲得以滿足的良方。

你說的「接納」，意思是讓大家卯起來追逐情、欲嗎？

我的意思是不要對情、欲污名化，甚至貼上令人難堪的標籤；接納它、覺察它、經歷它、控制它，才是恰當的方式，而非壓抑著。你們當中有許多人，只要想到自己竟然又有「想吃」的欲望就產生罪惡感，如果連「吃」這樣基本的欲望都被罪惡感壓抑，你就知道你們有多不自由，那就更別提性那檔子事了。

但即便我們討論出壓抑會造成多麼大的問題，也不要忘記：任何事物的存在都有其價值，就連壓抑也是一樣。當一個人處於壓抑的狀態久了，他最開心的時刻就是終於領悟到，他其實可以放自己一馬，拋開對壓抑的執著；**壓抑最大的功能就是讓你知道，你其實有能力可以將它放下**。

祢可以談談如何控制情、欲嗎？

先是釋放那一份對情、欲的執著，對很多人來說已經不容易。你們需要給自己一個完美的理由，告訴自己這欲望「有也可，無也可」，這是一種不忮不求的狀態。

收攝你們的心念和感官，避免耽溺其中，這並非告訴你完全不可以觸碰欲望，而是讓你明明白白知道，你是可以掌控它的主人，否則你只是一具被欲望掌控的軀殼罷了。當你清楚你具有收放自如的控制權時，你可以開始追逐你要的情、欲，不論那是吃東西或是追求愛情，甚至是一切的欲望；只是**你要確定追逐的方式得當，並清楚的保持「我正在……」的覺察，以便隨時可以收攝心念**。而當這一份「我正在……」不再能帶給你你所想要的快樂時，你便知道收攝心念的時機。我相信你們都不會懷疑，「快樂」才是你們的天賦人權。

當你在「追逐情、欲」中皆保持這樣的清晰和覺察，你對一切情況都會了了分明，不會因爲過程中的顛簸產生得失心，也不會因爲結果而產生執著。當你能如此，則你在世間任何的「追逐」中都可以輕易地自在；儘管我說過，用「吸引」要比「追逐」有效。

祢可以談談如何吸引到我們想要的「欲望」嗎？當然我是指，如何用內在靈性之力，在地面上去創造出自己滿意的生活。我相信祢會同意，這世界的欲望絕大多數必須透過金錢來滿足。我見到人們用各自的方式與觀念去獲取金錢，有些人為了少數的薪水苦苦地捱著，有些人卻輕輕鬆鬆日進斗金，有些人以提供免費資源換取人心背後的財富，有些人不顧一切地展現貪婪……究竟賺錢的祕密是什麼？有正確又有效益的方式嗎？有一堆的人看了和「吸引定律」相關的書籍卻依然在操作後匱乏，祢能加以說明嗎？

很高興你提出這些問題，下一本書將會有更精采的討論。對那些「操作」吸引定律的人們，我要提醒的是：請將「觀想」放下，整天坐在屋子裡觀想，那就變成「關想」，不單無效果，更是浪費生命。你們有許多人或許知道自己要什麼或是不要什麼，卻不知道自己「是什麼」。

對宇宙而言，「是什麼」永遠先於「要什麼」。在用「意念」向宇宙下訂單以前，你要先認識自己，因為，清楚認識自己內在神性的人，將和宇宙同步同頻，隨著內在靈性的成熟而帶來他所要的，這也是為什麼許多人觀想無效的原因。我之前說過，心想事成的能力對內在靈性成熟的人來說是易如反掌。

有些人「聲稱」他們操作了「吸引力法則」而中了樂透，那表示他們是內在靈性成熟的人嗎？

內在靈性成熟可以獲得心想事成之力，但這不表示「心想事成」的人皆屬靈性成熟之人。宇宙中確實沒有巧合，但卻有「相應的選擇」存在，那中樂透的人便是做了這樣的選擇，因而所發生的與之相應。

我之前說了，一個眞正內在靈性成熟之人，幾乎是無所求的；就算心想事成，對他來說也不過是有如開水一般平淡。內在之力分為兩部分，一是被稱之為「潛能」的力量，二是被稱之為「靈性之力」的力量。這有層次上的差異，前者屬小我領域，後者屬在其上層之力；許多人卻將前者當作後者般的操練著，卻不清楚那仍是屬於世界的「術」之一環，例如催眠術即是其一，更遑論諸多涉及「能量」及「磁場」的訓練。

一般的潛能訓練或是吸引力法則的「應用」皆屬前者。如你所知，小我在這世界中會幻化出豐富而多變的絢麗，只是「賞味」期限都不會太久，在其中並無永恆可言，儘管會有「效果」出現，仍屬曇花一現。現在你可以知道，爲何潛能訓練都要求七天之內不要做重大決定的原因，因爲過了那時間，你就會「恢復」了。

我並不是說，透過小我之力進行潛能開發或是吸引定律不恰當，對許多人而言，那正是他們目前需要的；只是如果你要的是可以基業長青與更圓滿喜悅的「心想事成」，內在的靈性之力將可以源源不斷的供應。相較之下，後者會使你多有剩餘而且沒有副作用。

哈哈～沒有副作用！祢真幽默！弄了半天，原來「吸引力法則」還是屬於小我的範疇。

是的！因爲這是欲望所引發的「有求之心」。而前面談到過，欲望正是小我操控的伎倆。

所以「要」一個東西，所需的就是「不要」那個東西的念頭，必須先去掉有求之心。但是有時候，即便無求，依然自動會「被吸引」。我注意到確實存在某些能引發他人「被吸引」的特質……只是我不明白，究竟我內在產生被吸引的機制為何？

你們都曾經「被」美麗的女子或是可愛的寵物吸引目光，藉由這一份目光延伸出愛意；只是你們對於怎樣的特質可以影響到人們「被吸引」，依舊只停留在表象的層次，所以名牌和流行服飾可以大行其道。

拿女人來說，男人已經對女人品頭論足數千年了，對女性的美依舊沒有定見，因爲美只是主觀而狹隘的觀察。一個女人之美，豈容得下他人單憑外表的假客觀論斷？眞正的美無關表象，那是一種由內而外散發出來的氣質；一個女人可以不是外貌出眾卻氣質脫俗，那是來自宇宙天心的美，帶著天地間眞善美的能量。當你靠近她，透澈深邃的雙眼彷彿已經將你溶化，將你包容涵蓋，於是你從中感受到愛……

是的！當你從散發的氣質中感受到愛，那便是美！那便是吸引力！就連一隻被關愛呵護的小狗都能魅力十足地吸引目光。而這一切無關容貌，無關小我對表象的追求，因爲那是來自你們內在神性深深的呼喚，吸引你們的正是那份原始神性的力量，你們與生俱來的！在你們每一個人都無法避免的每一生中追求愛，體驗美，並且受到那一份來自至高至善至眞的吸引，因爲那正是讓生命延續的驅力，也是宇宙創始的初衷——愛！

至高眞愛是一無所需、一無所求，自然而然地對萬有產生吸引。而欲望卻不是，相反的，過度迫切的欲望正好適得其反；欲望的念頭是消除不了的，但是卻有更有效和更恰當的方式處理和面對。因此我將會提出一些建議，透過這些建議，你們將可以在開發內在靈性之力的同時，享有「心想事成」的結果。

嘩～快說快說！

首先就是我們之前已經大量談及的「認識自己」以及「無求之心」。從最基礎來說，這意味著你必須要對自己有足夠的信心，而光在這一點上，很多人就已經被判出局。這要從「愛的覺醒」開始，我們曾經說過「愛才是信任背後的動力」，因此有愛便會有信任。從許多人對自己缺乏自信來看，你們多半是不愛自己的；**真正愛自己的人，會對自己有完全充足的信任和無懼的態度**，做任何事情都全力以赴並且勇於承擔。先別說遇事搪塞之類的情事，我看見有許多人無法對自己的言行負責任，或至少「承認」自己有不足之處，更多的人則是連對自己都不老實。

雖然我認為祢說得有理，但是我怎麼感覺不太舒服哩~

我們還沒談到「無求之心」，光這點若都無法面對，後面又如何繼續呢？

好吧！我願意承認和面對我確實無法「完全」展現對自己的愛和信任，有很多時候仍會有恐懼的出現，或是對自己信心的懷疑……

其實那是難免的，畢竟你們都是在經歷過程中的階段。**只需要覺知，並接納這份感覺，你就能將恐懼和懷疑拾起端詳**；然後你會發現，那不過是小我欺騙的把戲罷了，因而你可以繼續前進。

隨著這樣的練習，你對自己的清醒會逐步增加，受恐懼懷疑的制約也會減少；然後你會發現，如何應用恐懼和懷疑的力量來增進自己的心性，讓這力量爲你所用。若你征服了小我的恐懼懷疑，最後終於會明白自己的本心本性，在那一瞬間，你發現自己那幾乎無所不能的力量正在浮現，如此又怎會有信心不足的問題呢？

祢說的是覺知和覺察，這練習幾乎要一輩子呢！

沒錯！這是你們一生中時時刻刻都要提醒自己的，千萬要讓自己清清楚楚地活著。如果這樣一生的練習可以逐步地讓你們心想事成，難道不值得努力嗎？

興趣和天賦有不同嗎？做事情應該按照興趣嗎？當我們選擇一個人生方向，以興趣做為考量是否恰當？

每一個人累世以來都有熟悉擅長的項目被累積在靈性層面，你會發現，有些人從來沒有學習過音樂卻可以彈奏鋼琴，有些人未曾拜師卻畫出不朽的作品，那都是天賦的表現。**通常要判斷天賦，只需觀察自己是否在做那件事情時可以全心投入忘乎時間，並且成績斐然**。對許多人來說，最重要的反而不是後面的成績，而是問自己，是否眞愛正在做的事情？因爲成績可以透過練習進步，但是用心程度卻無法勉強。

你們生活的模式已經讓你們難以發現自己的天賦。尤其是在台灣，許多人每天工作超過十二小時，神經極度緊繃，下了工只想要休息，假日只想睡覺，生活中除了工作還是工作；別說天賦，連興趣都得晾在一邊，生活只是爲了生存，完全忘記**生命的目的是讓你擁有可以去經歷的生活，而非只為了生存**。

除非你能擴大你的經歷，充實你的知見，你如何能覺察更多？如果無法覺察更多，如何能有機會體悟幻境的真相？無法體悟幻境，又要如何覺醒？不能覺醒只能持續昏鈍，又如何能覺悟呢？

許多人用他們的生命在賺錢，而不是經營一個值得擁有的生命……

多去經歷吧！別懶！去擴大你的知見和舒適範圍，你將在其中的浮沉體會到這世間的無常變幻，終至覺悟。

如果你沒興趣開悟，那麼多多培養興趣吧！**在你「以為」你沒興趣的事情中，往往有更多讓你意想不到的精采，**預期心態、預設立場和貼標籤一樣是人類的通病。要你們從自己的興趣去投入時間並不困難，困難的是在你們沒有興趣的事情上去看見未來，畢竟沒有兩件事是不相干的。

不論你們的年紀爲何，大膽地爲生命的多方面向邁開步伐都是合宜的。誰說上了年紀就不能自我超越？**歲月的唯一剋星就是你們的心境。**不論是像你的母親年逾花甲卻可以在繪畫上無師自通，或是像年逾八十依舊可以鐵騎環島，再再都是心性超越歲月的明證；我甚至可以告訴你，年輕活力的心勝過所有抗老的保養品。要知道，我已經給了一切你們所必須的，早在你們開口以先我已經預備，而且多有剩餘。從上帝而出皆是「原裝貨」，你們都知道原裝貨最好，重點是「費用全免」!!

呵呵～好一個費用全免！人造的確實沒有祢造的完美，而且所費不貲。我看有許多人光花在美容保養品上的錢，都可以供應好幾個學童的營養午餐了……

當你們將眼光從世界移向心靈，你就會發現，這裡完全勝過這表象的世界；更重要的是，你將可以在其中獲得一切你所需要在表象世界得到的滿足，此話眞實不虛！

祢之前曾提到《心經》的內容，儘管它已經流傳幾千年，但長久以來，仍有那麼多的人不明白自己的本心本性，依舊在這世間幻象中追尋浮沉。有更為簡易的方法嗎？

透過療癒，透過靜默，透過打坐，透過瑜伽，透過任何你愛做的事，透過去愛一切你正在做的事，甚至……可以透過性愛。

什麼？性愛？

是的！你沒聽錯，性愛很好！那是造化之本然！我們已經在第一本討論過這個主題了不是嗎？

是！只是熊熊聽祢冒出這麼一句有點嚇到……

佛說有八萬四千法門可以悟道，而且門門通達，無有高低。其實法門何止八萬四千，只要能讓你一心安住當下，遠離能所相對，便能超然寧靜、頓離分別。心物合一的狀態將可讓你超越時空幻象，進入究竟之門，性的合一也只是方法之一。

你們常搞不清楚何謂活在當下。**當你遠離世間幻象，不以這二元世界為真時，你才是真的活在「當下」，否則只是活在「現在」**，我說過眞正的當下是超越時空的。而關於性，你們有幾個人是用「超越二元」的態度面對的呢？當你可以用「合一」的態度，而非「分別」的態度，性愛就可以成爲悟道之路。

性愛是每一個人都會遭遇的課題之一，只是祢說這也是一種幫助悟道的途徑，讓

我相當詫異。性愛在許多修行人看來是相當隱晦的事，是需要隱藏不能張揚的，祢居然說它可以幫助開悟？

那是因爲這個方式容易引起意志不堅者的沉溺，導致更大的問題，並不表示這方式行不通。事實上，不論佛教或是基督教，甚至是伊斯蘭教，都有類似的傳法，不約而同地也都是以祕密的方式傳承，足見性這碼事在人類的價值觀中有多麼壓抑。

慢著！祢該不會是要宣揚「性愛開悟」法吧？

那不需要我的宣揚，性是生命的開端，也就是神的創造，你們不會錯過那過程的——既然你們是來自於神。至於能不能透過性而開悟，就要看你們是否耽溺在其中了。要知道，耽溺任何事物都無法使你們獲得好處，尤其是對下半身感官的追逐；你們將會發現，越是追尋越是得不到，總會是像少了些什麼……

你們都期望在性中獲得高潮滿足，你們追逐高潮經驗，卻不問高潮的目的爲何？**真正的高潮來自身、心、靈整體性的完美結合**，之所以很多人沒有高潮經驗，那是因爲，「只有」身體部分的結合所帶來的快感總是稍縱即逝，而當身、心、靈三者完美交融並達至頂峰，那樣的至高極樂才會彷彿天堂一般歷久不衰。高潮的目的就在於此，讓你們體驗「神」飄飄然的喜悅之境；關鍵從來不在於技巧，而在於是否有愛在其中流動。

當愛的能量快速地彼此交換，其正面效應是以等比級數的方式加乘，不單帶你們上天堂，也讓你們在人間得享豐盛與完美。只有彼此都完成經歷這過程並了悟其精髓，性愛才能帶來開悟，而這開悟過程是充滿著愛和喜悅的。

豐盛與完美……祢這樣說，會鼓勵很多人開始追尋這樣的經驗……尤其現在有那樣多的人渴望生命當中的豐盛。

那不是挺好？我寧可你們都在愛裡融化，也不願看見你們彼此爭鬥。性這碼事不需要我來鼓勵，你們每一個都會做！只是敢不敢說罷了。我只是在每一個人都會做的事情上揭示其精髓，導正一些偏差，也順便告訴那些僞君子和假道學：**你所批判的，也是你自己會做的事，只是當你對之批判，你就無法再從中獲得更多領悟了。**

我相信那些人也是有自己的生命功課要面對的吧！當一個人會處於批判他人的心境，他真正想批判的其實就是自己，因為一切都是他投射出來的，世界只是一面鏡子。

是的！每一個人都有等待進步的課題要經歷。你會發現，有些人沒有你之前所遭遇的金錢課題，但卻有複雜的家庭課題等待解決；有些人則是在工作職場或是人際關係的課題。這些都是他們累世所欠缺的習題，因此需要一再地經歷，以便使自己從過程中領悟成長，完成靈魂的進化。

四、愛的本質

我想請祢談談「一體性」，這三個字祢從第一本就說過許多次，當然，很多其他的作品也都談及。針對這一點，有沒有可以更簡單易懂的解釋？

請想像你身體的手腳、軀幹和頭部是世界的五大洲，河流是血管，血液則是江河；五大洲上的人們與眾生萬物，皆是你的器官與細胞，他們與你同爲一體，但卻又有各自獨立的功能屬性與意志。這還只是與地球萬物的一體性，若是要擴大到全宇宙，則已經超越你們所能使用的任何文字了。

凡是能夠體認「一眾生即一世界」，便能洞察如何從「一粒沙中看見三千大千世界」，更能透過與地球萬物合一，去體驗那全象式宇宙的一體性。事實是，若你能將地面上的一切萬物都看做是你自己的一部分，你也將接納一切的發生和呈現，而那肇生一切的宇宙將與你合一。

這並不難，只是需要有一些想像力。

一開始是需要一些想像，但不只是想像而已。事實是：**所有的想像都是真實**，因此想像力就是你的超能力。**隨著你合一的功夫漸深，你就益發能感受萬物的體驗**，到那時就不是想像，而是如實的經歷了。

只是，儘管可以與萬物合一，卻還是不能控制對吧？我的意思是說，要是有人觸怒祢，祢不能因為那人的合一就讓對方平靜下來……

觸怒我嗎？很多人天天這麼做。

我是說「我」。

如果你已經與一切合一，那個觸怒你的人不也是你的一部分嗎？你需要對你身體的某個細胞生氣嗎？

不需要，但是如果那個細胞產生嚴重病變，就有割除的必要對吧？我是說，如果有某個人使你不悅，你可以採取憤怒的態度吧？

很有趣的比喻。在你的比喻中，你們的醫療上確實都是這樣的對抗著，而你們面對任何「對立」與「受害」的狀態，也幾乎都是採取「對抗」的反應或至少是消極的抱怨。我要說的是，當你那樣地和你的「細胞」生氣著，你的細胞就難免發生病變，於是你所投射的便成爲眞實，疾病於焉形成。

至於你說的憤怒，我可以同意在不傷害對方的情況下表達「適當」的憤怒，並且在表達過後與對方達成另一階段的共識，以便協議的完成。當然這是適用在未能做到「不發怒」的人身上，若從最高層面上來說，甚至連怒意也會消失，發怒變成只是一種身體的表演，相對於「適當」的憤怒仍是健康的。

怎樣叫做對「細胞」生氣？

就是你不快樂、心情不好的時候，以及恐懼、憤怒、憂慮、思想負面的各種情況下。

所以這些「心靈內在因素」確實會影響身體的細胞健康，那些預防醫學的研究是正確的。

這些研究已經不是新聞，但是許多人儘管清楚這一點，仍然給自己找盡「思想負面」的理由，對自己身體的細胞進行破壞。

我認為壓力是很重要的原因。我曾聽過癌症病患因為釋放了內心的壓力而痊癒。

釋放壓力是後知後覺的方式。爲什麼要在你已經充滿壓力之後才進行釋放？爲什麼不讓自己有健康面對任何情況的心境？如此，即便泰山崩於前也不會產生壓力。外境是流轉不息無法掌控的，你卻可以掌控好自己的心境！有健康的心境，即可不爲境轉。

祢說的是對壓力的事先預防。

你以爲只有疾病需要預防嗎？你沒說錯，壓力確實是諸多疾病形成的原因。**沒**

有一個疾病無法追溯其心理徵候，在疾病形成以前，若能建立健康的心理態度和心靈潛能，疾病的發生機率是微乎其微，甚至連意外都可以減少；更進一步說，這正是青春永駐的祕密，沒有一種保養品可以勝過赤子之心。這些都是我們前不久討論過的。

除了醫療上的「對抗療法」，你也看見許多與壓力有關的社會事件，坑害人的想盡辦法脫罪、受害的尋求救助、攻擊的找盡理由、被攻擊的無力反抗……你們是那樣深深地陷入了二元的制約，給自己和他人製造了諸多壓力，以致忘記了所有的一切本源一體。

沒有裡面和外面之別，沒有加害者與被害人。如果你有注意到，凡攻擊或坑害「別人」的，其實最後傷害都會回到自己身上；而凡是給予和幫助的，最後也都會產生對自己有益處的事，由此可以證明那一體性存在的眞實性。正因爲如此，宗教或是修行者才會勸戒「諸惡莫作，眾善奉行」，因爲你的一切所爲其實都是爲了自己。

這聽起來像是有點自私……一切都只為了自己。

那是因爲你們都誤解了自私的意義，其實是「回歸」到自己，而非爲了加給自己，結果並非都涉入目的性，你們將一切都區分兩邊。我實在地告訴你，結果若不回歸到自己，那才是眞正的自私，畢竟，透過你的無求之心所揚的善，去贏得自身的榮耀，這難道不是「雙贏」？這份「贏得」正是宇宙給予「無求」的報償。

真正的自私不是非善，而是懷抱目的性的，透過自我犧牲去「換取」那榮耀，那便是「假愛」的示現。你們當中有許多人「眾善奉行」只是爲了沽名釣譽，還要假裝不欲人知，或者是自私地爲了讓自己感覺「像個好人」，這些都落入了二元的分別心。讓自己眞誠點吧，孩子！想做好事的人有許多，承認沽名釣譽的卻很少；慈悲爲懷的人很多，心中無求的卻少少。

即便是這樣，還是有人受到幫助呀！那些被幫助的人……

確實是。我在這裡只是要說明，「有求之心」並不能帶來你所期望的結果。宇宙不是可以和你「交易」的對象，宇宙有如豐富的海洋，祂一無所求，只要給，而且**不接受你的交換，只要你和祂一樣的無求**。放下那份目的性吧！用最單純的愛、最無私的意願，去協助那讓你生出幫助意念的人；然後在事後不留痕跡的走開，就像是你從沒做過一樣，因爲，**凡是你為他人做的，也是為你自己**。

但是那能解決「已經」發生的「病變」或是「問題」嗎？難道抱持著祢所說的超然無求之心去協助，就都可以解決一切的問題？那世界還會有這麼多的「狀況」嗎？

解決的答案在你們身上。如果你身體有細胞產生病變，那原因不在細胞，原因在你；如果你的生命出現「問題」，那問題的原因不在生命，原因在你。因爲，即便對尚未體認一體性的人來說，也從來沒有「外面」或是「別人」的存在，一切的存在只有你；也只爲你，你觀察、你思考、你行爲，然後事情發生。而一切你們口中所謂的「外在」，也只是配合「你的」世界演出的配角而已。

我曾說過「世界以你爲中心」不是嗎？之所以世界仍會有你說的諸多「狀況」，來自一個重要的提醒：「健康」的細胞仍然不夠多。

健康的細胞？

我說的是活在心靈覺醒的人。事實上，每一個現在懷抱無求之心、默默付出的，都是覺醒之人；而已然覺醒之人，也將自願地爲尚未覺醒的人承擔責任，以喚醒他們的內心。事實上，這是你和所有已經覺醒、將要覺醒之人的責任！

祢的意思是，覺醒的人該為所有的「問題」負責任？

是的！**任何「問題」的產生，都不是對方的責任，因為認定出現「問題」的不是別人，正是你！**而總以爲有「問題」，正是你們遭遇的最大問題。

記得我之前說的「世界以你爲中心」嗎？每一個人都在創造自己的世界，這世界有多少人就有多少種世界；所以何只三千大千世界，若把一切生物算進去，那光在地球上就有天文數字般的世界。每一個人以他自己的世界觀和價值觀反射出單獨屬於他的世界，若是他不存在了，他的價值觀也不存在，這個單獨屬於他的世界也消失了；但是這個被集體意識投射出的幻象世界並沒有消失，在許多人的眼中和記憶中，這幻象世界依舊持續被投射著。

許多我們的「共有幻象」穿梭在其中，稱之爲「集體幻象」，所以你可以發現，我們每人只有「一個世界」，卻又同時有個「共有世界」；「一個世界」是屬於自己的，而「共有世界」則是共享的，在其中有我們共有的意識、共有的情感、共有的傷痛、共有的問題、共有的回憶或痛苦……等等一切你可以想到的。

除了靈性層面上，在這「共有幻象」中，所有一切眾生實爲一體！凡是在你身上出現的一切，也會在他人身上找到；反之，在他人身上出現的，你一定也有類似的情況。也就是說，你就像是一面鏡子反射著他人的一切，他人也反射出你的一切，而世界只是一個反射的平台。

我知道投射的觀念，但是跟「為所有一切負責任」有什麼關係？

正因爲投射與被投射，你們當下即刻共同擁有了一個「情境」或「狀態」甚至是「問題」需要面對。如果你知道某個人發生某個問題或困擾，即表示這個問題或困擾也投射到你的鏡子裡了，在這「共有幻象」中，你們有了相同的「問題」；儘管並沒有眞正的「問題」存在；而因爲你也牽扯進來了，所以你便對這「問題」負有解決的責任！

當你願意負起責任解決了那個問題，你便是承擔了生命，對方的問題不久後也就可以迎刃而解。問題的存在正是因爲某人出現無法或不願承擔的狀態，而如果臨到了你卻沒有負起責任解決它，則這問題會持續不斷地以任何一種可能提醒你和他注意的方式出現，於是你會感覺到的就是「麻煩不斷」，**所謂的麻煩只是一個做為「面**

對」的提醒。

有多少次，當你覺得「倒楣」的時候，總是會遇到一樣倒楣甚至比你倒楣的傢伙？又有多少次，當你覺得「喜悅」的時候，你發現遇見的人也多半有值得高興的事？因此，從你生活周圍出現的「情境」，可以得知你內心正投射出什麼，而吸引到這些情境。這是一個幫助你們對內自我檢視的機制。因此，下回當你看見一個老是很倒楣的傢伙出現在你面前，你便會知道他倒楣的原因多少和你有關，他的出現便是對你「負責任」的提醒。這一切只是提醒你們了解一體性的運作模式。

面對生活中這些不間斷出現的「情境與狀況」，你需要的是不帶情緒的對它負起責任！而你越是樂意的這麼做，你承擔的能力也就越強。

在「共有幻象」裡負責任解決別人的問題？即便其實與我無關？這可是個激進的說法，我可不認為有多少人會接受。祢的意思像是說：要是有個人向我吐露他有某種「問題」，那表示我也要想辦法解決？

那要看你對一體性是否有眞正的認識。如果你眞的經歷了一體性，你就會將他人的問題也當作自己的，而不是表現出「干我屁事」的態度。爲所有的一切負責任，正是體悟了一體性的行爲展現，正所謂「無緣大慈，同體大悲」。

祢說的像是讓當事者可以完全推卸應負的責任到他人身上。我為什麼要為我沒做的事情負責任？祢乾脆說賓拉登會變成恐怖分子我也有責任算了！

你沒說錯！你是有責任！在幻象世界的層次中，沒有什麼是彼此互不相干的；一切都被隱形的網絡巧妙的聯繫著，儘管不一定是直接聯繫，也有著牽一髮動全身的間接效應存在。不要忘記蝴蝶效應，儘管你們一點也不清楚中間的連動原因……

如果祢說的這些是真的，那祢就是最瘋狂的神！

不會比你一廂情願地陷在迷戀中更瘋……

祢又提她……所以在我和她之間，彼此也有著投射的發生？如果我呼求愛，那表示她也正在如此？如果我冷漠高傲，那表示她也是一樣嗎？

你只會愛上你的缺乏或是你的投射。愛上你缺乏的是一種補償心態，愛上你內在投射的則是一種自我評價的映照。如果你認爲那些吸引你的人虛榮，那虛榮也正在你心中茁壯；如果你認爲那些吸引你的人傲慢，那傲慢也正在你心中滋養；如果……

所以，要知道你所愛上的對方是怎樣的人，只需要老老實實地檢視自己就可以了。我所看見的只是我內心的投射……

這並不是新觀念，只是一體性的具體呈現。我之前曾經說過，「我們都是一體的」，這句話並不單單指我和你的關係，而是一個人和所有的一切。不論是有生命或無生命的，並沒有什麼和你是不相干的！畢竟是你和其他的一切活在地球上，而地球眞的是活的！你們彼此間有個無形的網絡將你們牽連在一起，儘管肉眼看不見，因果辨不明，但是關聯卻是不會消失。

我之前曾經請你想像你的身體是地球，而所有的器官、臟腑和毛髮都是地球上的其他人與眾生。在這樣的情況下，就連遠端細微的毛髮，都和身體脫離不了干係，儘管表面上看來，是各做各的並不相干。

在你們中醫的觀念裡，人體便是一個小宇宙，有很多的宇宙運作模式都和身體很相像。你們的老祖宗都是偉大的探索者與思辨者，在很多方面他們都是先知，他們很早就知道「神（宇宙）用祂的形象創造了人類」！其實，這是爲你們最後的開悟所預設的機制，直到你們終於開始走向內在，一體性「才爲之展現」！

「我們都是一個」，沒有誰在誰之外，小到一株草和你的關係，大到賓拉登和你的距離，我們全都共同在一個能場裡運作。

當你能接受這觀念，並且願意眞正爲你生命中所出現的所有人、事、物做出承擔、負起責任，則你就接近所謂的開悟；用佛家的說法，這種承擔就是「菩薩的悲願」，祂們知道一切和一切之間並沒有分別，自己就像是鏡子一樣反映人間疾苦，因而能苦民所苦，乃至於解救蒼生於水火之中。

哈哈~果真如祢所說，那我「身上」正有一個細胞……喔不！是器官拒絕我的愛……

你若眞領悟到一體性，會因爲這樣就不再滋養它嗎？正如我會因爲人們對我的誤解或是謾罵就不再愛人嗎？眞正體會了一體性的人，其接納的格局是接近於神性的宏大。

如果我沒猜錯，祢還會建議我在這上面要被動對吧？祢之前是這樣建議我的。

被動等待，因爲**向來不是神性尋找人，而是人尋求神性**，這正是神性的吸引力。一切自有時間表，要有耐心！等待的過程絕不會白費，因爲你們都將蒙受滋養，直到合一的一刻到來。

綜合以上所說，祢其實要表示的是，既要愛自己，也要愛他人，就是「愛人如己」，因為其實並沒有真實的外境，只有幫助我們經歷的幻境世界而已；在這世界要去經驗生命並體認到一體性，在這網絡下，所有的一切都和一切密切相關。

是的！說得很好！嚴格說來，其實沒有什麼是和你無關的；你是人類，所有和人類有關的事情都和你有關！只是你們都裝著沒事。

我曾經聽人家說，「事不關己，己莫關心」，甚至有人把「干我屁事」當作是超然的表現，例如馬路上常發生出了車禍竟無人敢前往搭救的事情……

冷漠絕情並非超然，那是一種因恐懼而對良善天性的切割，對自己和他人都無有益處，說是超然只是自欺罷了。當你有「干我屁事」的想法時，顯然就是你並沒有處在合一的狀態。

所以遇到需要幫助的，還是應該要出手協助對吧？我的經驗告訴我，「假裝」沒事，「問題」依舊會存在。

在愛人如己的前提下，是應該協助對方解決問題，只是讓我好奇的是，你們以為該如何解決？教育「靈性之力」與「無為觀念」永遠會是最根本的解決方式。

「假裝」是有用的工具，你們已經發現，思想成為現實是可為的！在幻境中解決「問題」的第一步，永遠是先「假裝」沒事，處變不驚，心靜如水，任它天大的事情都不影響你的平靜，「正面思考」在此可以有效協助；然後在平靜中進入廣大無邊的內在靈性世界，自自然然地萌生喜悅之心，讓「喜悅之心」進一步「帶領」你找到解決之道，這樣往往可以事半功倍又水到渠成的解決問題。

相反地，若是在一開始就心慌意亂，六神無主，甚至是衝動行事，造成的結果將更爲嚴重。而不論一件事是否能被解決，先獲得平靜和喜悅都是恰當的，要知道，正是因爲喜悅所以事成，而非因爲事成所以喜悅。

我知道一個觀念：「事情可以解決，何用擔心？事情若不可解決，擔心何用？」

無論何時發生何事，都不能忘記你們本就與我同在的事實，在我的裡面有平安。如果你時時刻刻與我安住，你可以在什麼都不做的情況下，瞬間改變或終止這一切的「問題」，甚至連嘴巴都不需要開。

不開口？這怎麼可能?!

就是感恩之心。我曾經說過這點，但是很多人一定不相信，**單單在內心裡充分的感恩，就可以弭平或減少許多你們口中「問題」的發生**，因此我不介意再多做解釋。記得我曾經說過你們都在創造自己的實相嗎？其實你們創造出來的，那都是幻象而已，只是看起來眞；眞正不可變異的實相是在你內在的靈性裡，如《心經》所說：不生不滅，不增不減。祂讓人眼目所不能見的，卻可以創造一切，尤其是創造這被你們稱之爲「實相」的幻境世界。**愛是肇生這一份靈性之能的起源，感恩卻是回饋並療癒一切的開端，愛與感恩如此成就了一個完整的圓**；事實上只要心懷感恩，就足以讓許多事情改觀，甚至是出現奇蹟。從你們「問題」這樣子的浩繁，可以看出你們這感恩的功課還有得做呢！

無條件的愛

那什麼才算是真正的感恩呢？祢要不要為感恩二字的定義立個標準呢？

立標準不難，難的是讓人們接受「簡單的感恩就能解決困境」的觀念。

我只是提醒你們，感恩才是最有效的解決方式，至於定義，每人依其屬性不一。

即便如此，感恩仍有不少可說的：

感恩是療癒，讓你憶起生命中曾擁有過的美好，放下怨懟。

感恩是喜悅，讓你有眼睛看見進行中的生命。

感恩是富裕，讓你的知足化爲更豐盛的物質，充滿住所。

感恩是祥和，讓一切的對立都能弭平，重新建立一體的秩序。

感恩是寧靜，讓你彷彿站立在無垠的荒原仰望夜空。

感恩是慈悲，讓你在超然中仍保有感同身受的領悟。

感恩是愛，讓你眼神柔和，嘴角微笑，所見一切都是美好。

這一切都在你們內心進行。感恩之心從來不需要張口或是動手，感恩之心總是可以被內在的靈魂清楚地察覺。

有多少時候你可以感覺，對方的感謝其實只是敷衍或是言不由衷？

又有多少次對方一言不發，你卻感動於他滿滿的謝意？

祢把感恩形容得太好了～只是對於「被攻擊」或是「受害」狀態下還要表示感恩，我感到不能理解，在那樣的情況下還能如何感恩？

第一本時你提出過這問題。確實，要人們在那樣的情況下對那些「問題」抱持感恩之心，是一件不容易的事情；但直到眞正可以寬恕地放下抱怨與仇恨，你就會注意到事件背後的正面意義，而升起感恩之心，所以爲什麼不讓自己在「問題」開始處就感恩呢？**如果你能凡事都看見值得感恩的意義，那還有什麼事情需要寬恕的呢**？

我還是不能接受一個人莫名其妙在路上被人揍了一頓還要對那揍他的人感恩！這太……太莫名其妙了！祢知道這類的事情常有……

或許不需要感恩那揍他的人，但是他應該要感恩，這事件的發生正是要提醒他的思維正「吸引」什麼來到他身邊，不要忘記萬有引力……如果一個看似災難的事件能將一個人導回內在的靈性，你還能說那是災難嗎？我知道當一個人正處在「意外、不幸與災難」的當下，這說法幾乎無法被接受。但當平靜下來會發現，很多時候，正是貌似災難的事件造就了一個人或是一群人，所以我才會建議你們能夠凡事感恩，而非用反射動作去回應。

要做到感恩，保持一顆平靜的心靈是很重要的。事實上，在你們的宗教裡有許多修行者，都可以做到笑罵由人，甚至是唾面自乾，因爲在他們眼中，已經沒有所謂的外在世界。他們明白，一切的發生，自己的意願都是那最根本的原因，無關緣分，也無關吸引力法則；他們將紅塵中一切的逆境當作是修練與提升心性的跳板，他們**感恩於外在一切發生的助緣，並向內尋找靈性的解脫，不定睛於這世界所發生的事件**。

祢的敘述讓我感覺到的是超然，而非感恩。

當一個人處在無時無刻的感恩當中，他表現出來的確實是超然。他可能什麼也沒做，什麼也沒說，只是帶著一抹微笑，是那樣地無爲，但內在的靈性正爲著一切眾生做好「度彼岸」的準備，這正是被你們稱之爲「慈悲」的力量。感恩之心將會帶來眞正的慈悲，超然只是外在示現的態度，儘管他人可能不識得，卻不影響他慈悲力量的展現。

祢說到無為，讓我想到祢曾提到《金剛經》說「一切有為法，如夢幻泡影」，所以要用「無為法」才能產生真正的力量……

「有爲法」泛指這世間一切的方法或技術，那都會在時間的推遷流轉中消逝，屬於短暫而可滅的，所以說如夢幻泡影。《金剛經》也說「凡所有相皆是虛妄」，兩句的意思都是提醒人們，不要定睛在這眼目所能及的世界；不論那是「方法」或是「現象」，而要進入內在的靈性殿堂去喚醒那本屬於你的最上層力量。

當找到這股「無為」的力量後，我們能「控制」某些事情的發生或不發生嗎？

事實上是可以的。如果一切都是在恰當的方式下。**「無為」的意思在說明，只有**

往內才能尋得那一份超越世界的力量；當你找到那股力量，莫說心想事成，就是要移山塡海也並非難事。你們有些人稱這是「神通」，這神通的力量其實我已經賜與每一個人，就等著你們打開心扉向內尋求。

你們已經玩控制世界的遊戲玩了幾千年了，一直認爲是你們在掌控地球上的一切，卻是直到最近才發現，原來你們才是「被控制」的一方，於是豬羊變色……因爲你們都著眼於表象。

關於世界，你們沒有發現我已經爲你們做了最佳的設定了嗎？那被你們稱之爲自然律的。只是你們破壞它，企圖用你們膚淺的知識要去度量宇宙的智慧；若只是度量也還好，但你們用的是粗暴的破壞，地上供你們享用的一切，其實有很多都是被你們誤用了……就像你當初那樣誤用金錢一樣。知識、財富與資源皆有其恰當的使用方式，任何時候當你誤用了它們，一切就反了過來，你們眞正成了受其控制的一方。

我注意到祢對環境問題有很多的意見……

我只是想提醒你們：行行好，善待你們自己，不要再折騰這個美麗的星球，她的存在不是爲了被人類糟蹋。事實上在整個宇宙中，地球扮演的生命功能相當具有指標性，很多的生命需要這位母親，甚至是來自地球以外的。

我愛地球一如我愛一切的創造一般，看見你們仍有多數人正用著無知的態度對待她，而母親一般的地球依舊包容。如果你們不想終止這一切，而要讓萬物繼續，那麼我衷心的建議，開始具體落實一切和愛護環境有關的動作吧！停止任何爲了利益而破壞的動作吧！地球不會因爲你們這樣做而感謝你們，但是你們每一個人從一出生就欠地球一份人情，這樣地回饋她，也只是她所應得的少數而已，一體性的愛將從你們善待地球開始～～

謝謝祢！我相信祢的呼籲將會讓更多人開始善待地球，畢竟我們都正在尋求一體性的圓滿～從愛地球開始！

但是關於去年海地的地震和不久前日本的大地震，我認為有必要跟祢進行一下討論……難道這種慘絕人寰的事情，非得要不時的在地球上演嗎？

你可以回到第一冊，在「地球浩劫」當中你可以找到答案。但我知道讀者們對這樣的回答並不滿意，他們希望能知道更多一點。事實上，海地的地震和日本的地震與完全不相同的兩股力量有關……

先說海地，他們國家和多數國家一樣，當初都是爲了自由而爭取獨立，卻不論在獨立前或是獨立後，都經歷難以忍受的政客和獨裁，幾十年來，全國人們可以說是活在水深火熱中……而已經有限的資源要被諸多的不平等瓜分，甚至有國民吃「泥巴餅」充飢……

而日本，這是一個視失敗爲恥辱的國度，自從二次大戰戰敗以來一直默默地忍受著，只能將其深植於民族性的武士道精神發揮於經濟的版圖上；也正因爲如此，日本成爲世界上了不起的經濟強權。只是自從二十多年前，其經濟泡沫化之後，日本又經歷了另一個谷底。

武士道視壓抑眞實情感爲內斂的美德，這一份壓抑已經內化成爲日本民族的性格；而外在，日本又對自己的國家尚未恢復其經濟實力感到無力，數十年來，這一份壓抑的能量促使那美麗的島鏈動盪不安……其實若跟全球目前的通貨膨脹和即將發生的二次全球金融風暴相比，日本經濟的穩定度已是相對安全。他們不只能在發生災難時安靜自持，也可以在全球發生金融問題時提供貨幣的穩定。

祢這難道不也是在果中溯因嗎？

我不否認這是用你們可以理解的方式來說，其實這已經是能不引起多數人反感的說法了。關於災難的成因，我還知道有因果懲罰論，那並不適合在災難當下公開談論，卻是許多人內心以爲的——只是我要告訴你們，這並非災難發生的主要因素，**因果的目的也不是為了懲罰，乃是為了平衡**。

然而人人各擁其論，就像我們之前討論過的，每一次這一類的災難發生，人們總是爲這些事件的成因做盡分析，找盡讓自己滿意的理由，從科學面到心靈面都有說法；更有人開始爲這些天災人禍非難他人。要知道，只有在幻象世界的小我，才會批判與問爲什麼。它並非無所不知，除非你能讓自己處在與超然合一的狀態下，否則你永遠看不見事件背後的眞相。即便你看得了了分明，怕也是無法用他人所能理解的話語去敘述，因爲那太恢弘龐雜了，所以凡悟道者皆不輕易開口討論因果，有些甚至是連話都不說了。

是啊！穿鑿附會者比比皆是。現在是發生海嘯地震，要是拿幾千年前戰國時代的動亂和死亡，也有人可以在那現象中說出一些「成因」，其實都是事後諸葛的馬後砲，就跟股市分析一樣……

你這話也是論斷和批判……

謝謝～我注意到了……

所謂的覺察即是如此，從時時刻刻的起心動念和行爲語言的觀照開始。

現在是日本的國難，我很相信就某種程度來說，也是全人類的災難。祢知道這兩場地震和引發的海嘯奪去多少生命？我看著報導，用「慘絕人寰」已經不足以形容……難道祢沒有能力阻止這些事的發生嗎？

我不能這麼做！因爲那是地球能量的平衡與人類集體意識之呈現，我不能阻止集體意識的造就！那是自由意志的展現。也是宇宙的法則！如果有例外，那就不叫法則了。

什麼？祢是說這兩場地震是人類「集體意識」而來的？這真是荒謬！有誰會期待自己的國家毀於地震？

他們當然不會這麼期望，他們期望的是「變革」，而這一份期望，你可以從海地多次的政變和日本頻頻更換內閣中看出端倪。在「變革」的期望下，是民眾對於生存現狀長期遭受到的壓抑甚至壓榨，所累積的不滿情緒，這份不滿的集體情緒積壓許久，而讓集體意識的能量與大地頻率共振，於是……

於是在原本已經夠慘的情況下，再度雪上加霜地遭遇大地震……這就是祢認為應該發生的？祢應該知道，後來還引發海嘯和核能電廠的災難，那甚至是會影響全世界的人類……很多人甚至已經準備要登上二〇一二的末日方舟了……我不禁要問，這麼多的災難，祢究竟在幹什麼？

除開你的歸咎吧！我說過不會有末日，但確實會有一小段避免不了的震盪，這是爲了地球和人類的演化。事實上，日本的地震對全世界的影響，遠比你們現在所已經知道的都要深遠，除了在你們已經知道的經濟面和物質面影響全球外，最重要的進化是：**透過這樣的災難，提醒全世界的人類，發展更安全有效的能源是刻不容緩的，也提醒人類發揚無分別的愛，才是世界最終極的疆域。**

全世界看著同爲地球人的日本受災，紛紛奮不顧身地前往相救，有些甚至不念舊惡。這已經激活了這一份人類歷程中的偉大進化，那是無分別的愛所能展現的最高極致。儘管災難使人傷痛，但全人類的這一份愛，讓那些犧牲者有了報償，成功地喚醒了人性裡被深埋許久的崇高意識。

那麼海地呢？

海地的情況也是相同。若不經歷這樣的一番震盪，這個國家將永遠無法被全世界看見，而當地的人們也將繼續活在水深火熱！你以爲是這場地震把海地變成人間煉獄？事實上，即便沒有這場地震，她也已經在煉獄裡了！這場地震正是救海地脫離地獄的有效歷程！

聽祢這麼說，一切都不是不幸，反而是祝福了。祢倒是挺會反其道而行的！

我說過了，那不是我造成的，你們人類卻不間斷地要將這事歸咎在我身上。畢竟我們之間分裂得太徹底了，你們已經扎扎實實地把地球這幻象之境當眞了！千年來甚至還學不會何爲寬恕！

祢這樣說，聽起來像是在為自己脫罪。

人們的論斷出於無知，反之亦然！

所以祢認為，這兩場地震對海地和日本是好的？

我知道你很難接受這個答案，但事實上確是如此！海地地震與海地人民長期的呼求共振，將爲海地帶來全新的氣象及未來。若不藉著摧毀現有的一切，又要如何重新建設？（你想想爲什麼連海地「總統府」都會被震垮吧？他們將會有一個全新的政府！）若沒有數十萬人的重生，世界又怎會將慈悲的資源與救助投注到這個早已飽受摧殘的國家？未來對海地是充滿祝福的，他們將會因爲多國的援助而得以讓硬體設施重建（因爲國內原本就已經窮到無力建設），他們將會因爲這場地震，驅使人們對大自然敬畏謙卑，進而提升其心靈的層次。

最後一點，他們將會在援助國的協助之下，重新建立新的政府，這個新政府將會重視民眾的生計更甚以往。你們的聯合國功效始終有限，往往必須要有一個國家進行所謂的強勢介入方能奏效。你知道這會是哪個國家。儘管她這麼做會飽受輿論撻伐，但是一方面是爲了國家利益，另一方面也是爲了人道，最終將會爲海地建立起一個完全不同於以往的新世代。

至於日本，這次的震盪將會使日本有數年的時間進行內部重整，也讓日本有機會重新建立更爲有用的價值觀，真正從內心再一次地維新起來。這一份重整將從政治到經濟，從民心到意識，最後深植血脈，讓這一些因災難而犧牲的人不失去意義。

日本人具有人類最高的韌性與決斷力，是一個在地球中斷然不會消失的民族，也定將如太陽般長存。這一次日本成功地教育了全世界的人類——透過自身的災難。其偉大與不朽，已經喚醒全人類的愛。

祢讓我想起有一個網友跟我分享的一句話：「愛需要人道的方式表達。」這句話用在全世界現在正在做的事上，倒是挺貼切！

你只要不拿這句話來消遣我並且質疑我就好了。在地球上的愛，確實是需要這樣的人道表達，但是神的愛所表現出來的，卻往往和人所以爲的大相逕庭。

例如這次的地震對吧？

附帶一提，我之所以稱那些你們口中的「罹難者」爲「重生者」，是因爲他們現在都在這裡與我合一並且安然無恙，眞實的生命是不死的……

只是換換樣子……

是的！其實對那些存活下來的人，其生命的功課才正要開始，但這更是個天大的祝福！要知道，一切都不可只看表象，**任何一個令人悲傷失望的情境中，一定都帶有祝福的種子**，這點毫無例外！他們若能領悟此點，將會更加明白，生命的意義與價值遠遠超過生存，部分的人甚至可以因此追尋到生命眞正的實相，進而帶領國家與人群邁向未來的平安富裕！阿們！

最真的自己

我父親的兄弟過世了，坦白說，對於多年少有往來的親戚過世，談悲傷太矯情，只是不知怎麼地，他的逝去竟帶給我一整晚的失眠……我回想印象裡的他和印象裡的父親，然後又串連到他們和整個家族糾葛不清的愛恨情仇……只能說，這場「朱門恩怨」終於畫下句點了！他們沒發訃聞，祢認為我該去嗎？

之前曾經提到過，你不久之後就要面對自己和家庭的功課，瞧！這不是來了嗎？

我以為祢說的是我和我父親間的功課……

你將要連你父親的功課一併完成。他和家族之間的扞格，若不透過你，將難有機會弭平。因爲，一代要勝過一代正是進化的明證。

我向來和家族成員沒啥互動，更沒交集……我也不認為我能從中學到些什麼。

死亡就是一種學習，任何人的死亡，都包含你可以學習的功課。看一個人怎麼死，你就可以知道他是怎麼活的。

這話是祢說的？我怎麼好像在哪部電影裡聽過？

《末代武士》。有趣的是你父親的兄弟也是受「末代日式教育」長大的。很可惜，他並沒有傳承到日本武士的精神。

這到底關我什麼事？有什麼要我學習的嗎？祢會讓我失眠，一定有祢的用意吧？

你有可能不知道，或是你已經知道卻不承認——你其實傳承著一個偉大的家族。而這個家族的王朝，此刻已經正式走入歷史，取而代之的將是另一個偉大的開始。

偉大？我確實不覺得。走入歷史也沒我什麼事不是嗎？

我必須說，從小你的性格就被家族這些長輩們對你的態度給扭曲了，以至於你提及家族人士，不免產生疏離與反感。

我比較想知道的是，到底是他們扭曲了我，還是他們本質即是扭曲？或是我……算了，祢還是別回答了。老實說，我並不認為有必要把這些事情寫進書裡。

你還是要像你家族的人一樣，當個不面對的鴕鳥嗎？多年來假裝沒事以後，就再也不做任何修補的工作？你不想藉由這個機會，徹底處理好你們家族之間的糾葛心結嗎？我實在告訴你，你大伯父的死正是要喚醒你家族的團結。即便他的一生看來都是在破壞這份團結，最後卻會因爲他的離去，而促成這個新的契機，終將喚醒其他的「鴕鳥」。

老實說，我認為積習已深，不太可能！多年以來，各家走各家的道，所謂的親情也只剩下血緣的關聯，情感面是全面地淡化。

只有你是這樣，還是家族裡各家都這樣？

那又不是我的錯!!好吧，起碼就我所知道的層面上，情感淡化已經是事實，其他各家即便有往來，也不在我的了解之內，我也沒興趣知道！

談到家族，你還是充滿著小我的情緒是吧？你可以藉此檢視自己有關學習的進步層次。如果開解你對家族間的糾葛，也一併可以開解有相同家族困擾的讀者，你還是沒興趣面對嗎？這不是你一個人的問題。記得之前我們曾經提到對一切的問題「負責任」嗎？這正是一個操練你學習到的觀念的新機會。而藉此你將有機會扭轉整個家族……

扭轉整個家族？哈哈哈!!!我不知道我那些「長輩們」看見這段會說些什麼？他們大概會嘴角歪一邊冷笑幾聲，然後在內心說：「就憑你？」

在你繼續內心小宇宙的想像前，我要問你的是：他們跟你有深仇大恨嗎？還是從頭到尾就是你小我之心的想像呢？

想像？我可知道小時候他們對我和我媽的嘴臉……憑什麼一個人有幾個錢就可

以眼睛長在頭頂上，難道不知道人家窮已經很自卑了嗎？還不時地口裡放箭……

童年的記憶很難磨滅是吧？不要忘記，那也只是你曾經「選擇」的一個「過程」罷了！你難道不曾自問，是什麼樣的初衷使你經歷這一切？又，這一切試圖要教導你何事？世間中的人與事，皆是輔助你經歷與學習的教材。

在你的成長中經歷他們的自負是事實，只是這一份看似來自他們的自負，其實是生自你年幼時已經被灌輸的自卑；這是設定好的歷程，若沒有先經歷一段蹲下的過程，你將無從感動於起飛後的浩瀚。正是你的自卑誘發了他們人性中的比較之心，產生了優越感，也產生了讓你不痛快的童年；若非你起初的自卑，這一切的教材都將失效。也正因爲他們的激勵，你才有從谷底拾階而上的韌性不是嗎？儘管他們驕傲的初衷也只是小我的傲慢，但是無損其靈性的圓滿。

說到底，你該感謝他們讓這一切呈現。從你父親對你不恰當的對待，到整個家族的傲慢鄙視，都是形塑你之爲你的沃土。從最高層面來說，沒有人做了不恰當的事，每一個人都恰如其分地扮演了自己最初選擇的角色。老實說，在你小時候爲了掩飾這一份自卑，你的頑劣也是讓人不敢領教的。及至長大，更因自卑產生了「自卑的驕傲」。

祢這麼說，我一點都無法反駁……那是事實。我知道那也是我的選擇……所以他們就更有理由把你當作個壞蛋——當然，原因之一是：因爲你父親在他們之中的評價也不好。

所以究竟是他們「先」有問題，還是我和我父親「先」有問題？

一定得是誰「先」嗎？誰先有問題，眞的這麼重要嗎？你已經知道，不能也無須以現在的果去推其歷史成因，因爲沒有眞正的標準答案。如果不是你這些年來一直卡在這裡，當個自卑的受害者角色，他們有「先」出問題的可能性嗎？你無法否認，關於家族，多年來你的內心一直是處於自卑又受害的角色吧？儘管他們所謂的加害，也僅止於眼神和言語，卻因爲你內在建設的不完全而被放大了。

當時我只是個孩子……而我猜，當時我年輕的父親一定也不明白這道理。我猜他也活在和兄弟姊妹間的比較之中，這就是為何他會特別激烈地想方設法要獨立於家族之外，甚至連爺爺的懇求也不能奏效……我認為這也是另一種自卑的展現。

強調即是缺乏，這是你們已經知道的。越是刻意地要表現自立自強，越是彰顯了其脆弱的本質。失去了團結的兄弟們，只得各個自行其道；離開了家族資源的兄弟們，也只能踽踽獨行。就個別來看，誰都撈不到好處，失去了團結狀態應有的綜合效益。眼下的光景變成了一種自欺欺人的掩飾，卻遮不住那不能用同理心與手足情去放大家族能量的悲哀。

祢這話說得犀利……但是我懷疑家族中有幾人會承認？有哪一個小我之心會願意在毫無保護的情況下自我揭露？

我說過，你無須和他人的小我爭戰，**小我之心需要的是支持和了解，同理心便可以化解一切**。畢竟你也知道，他們在這些纏繞的糾葛中，除了利益，並沒有獲得其他的好處，他們的內心也都有著更多難以言喻的懊糟事，更別提那些利益全無的人……而你將有機會透過你的角色，調整家族的意識方向。

所以祢建議我要前往參加告別式？

你應當去！對你而言，這是一個可以重新與家族建立聯繫的機會，將會有人開始爲破冰做準備。在這之前，你與家族間互不聞問，各家間的聚會還得仰賴「告別式」；在這之後，會面與溝通將會變成常態，資源的流通也將創造彼此更多的綜效。你大伯父的離去將促成家族大團結的境況出現，因此可以說，他這一生功德圓滿。

我不知道自己在家族中，未來將會扮演什麼角色，甚至我也有了某種不被接受的心理準備。祢的話我會照做，不管怎麼說，謝謝祢在這件事情上的建議。

你的角色就是繼續做你現在做的。認眞且堅持地走向心靈的改革之路，無須在意任何他人的評語，只管做自己！要知道，**生命中最偉大的勇氣不是面對死亡，乃是面對最真的自己，並且堅持地做下去**。一路上你將看見，人們的態度由不屑轉爲認同，由認同趨向支持，再因支持而與你同行。

任何一個人間修道者都會面臨這樣的過程，也都祝聖這些一路伴隨的同修，不論這些人的初衷爲何，在他眼中都是偉大而閃亮。如果你也可以洞悉內在靈性的力量，你也將在每個人的心中見到那一份光芒。阿們！

自由與合一

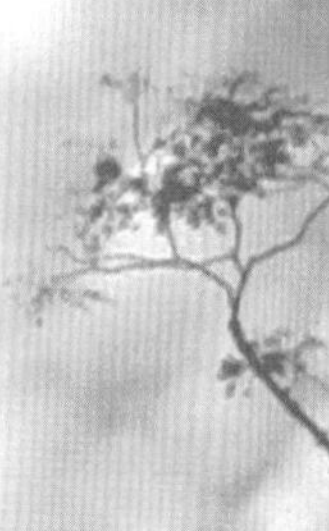

現在我想請祢幫我解夢……雖然這已經是幾個月前的夢境，但是因為太教人困惑了，所以讓我印象深刻。祢提到性、運動與債務……這三者彼此並不相關，但是一定有祢的意涵，祢可以說明嗎？

你們的每個夢境都不是偶然的。當你們睡覺時，靈魂卻是無比地清晰；每個夢境都是來自天啓，而你已經進步到可以帶著覺察觀察夢境。

表面上這三者彼此毫無關聯，唯一的相關就是：那都是你今生的課題。但是透過這個夢境要讓你知道的是：在靈性的層面下，所有的一切都緊密地結合著。要知道，宇宙是一台精密的計算機，也是一個好帳房，精準地計算付出與回收的帳目；只是並不是用你們以爲的金錢做爲衡量計算的標準，在付出與回報之間有著微妙的平衡，即便你們看不出那彼此間的相關性。我要說的是，在你們看不出相關性的事物上，尤其有著微妙的因果關係，這個夢境主要是爲你揭櫫因果的關聯。

祢可以解釋那三個項目嗎？

那三個項目代表物質宇宙（也就是小我的世界）受制於此三股力量，那是我們之前曾經提到的三類人的屬性，你可以按照其特質區分為覺察者、變易者與痴暗者：你夢中的「性」代表「覺察者」，那是愛、喜悅、圓滿、富裕與寧靜的屬性。你夢中的「運動」代表「變易者」，那是變化、無常、創造和力量的屬性。你夢中的「債務」代表「痴暗者」，那是懶惰、靜止、貪婪和瘋狂的屬性。而因果定律在其中被深深地執行，人類在物質界的一切活動，皆逃不開這三股力量的影響；換句話說，凡你進入並與這屬小我的物質世界認同，你就受制於這三股力量，並在其間浮沉。這三股力量交迭更替互相影響，而你的思維與行動的「選擇」將決定哪一股力量作主。

因果定律談的其實是選擇，透過「個人選擇」其言行思想，來決定輪迴的方向。最扎實的輪迴其實並非生死輪迴，而是在小我世界中不斷循環著的你的行為和思維模式。當然，確實有生死輪迴，這是由每個人不斷重複「選擇」的思、言、行，來決定最後投生的去處，所以時時刻刻保持清晰的覺察和至善的念頭是重要的。

運動則與健康的身體有密不可分的關係，這是你們早已經知道的，你們不明白的是爲何運動會與財務狀態（債務）有關。我說過，沒有兩件事情是不相關的。沒有運動習慣的人皆屬於「痴暗者」，他們很容易發生財務上的障礙；也許他們在工作上相當賣力，但是由於不明白自己的身體就是一個大大的奇蹟，值得透過運動去維持其良好運作機能，以致辜負了宇宙的愛與良善，最後陷入財務深淵。

我原本以為是毫不相干的，如此看來確實有關聯……原來我以前也經歷過「痴暗者」階段。

我所設計給予的皆是盡善盡美，只有看不出其盡善盡美的才會不予以珍惜，甚至破壞。你們製造並添加在飲食上的有害物質，釀製酒類、製造毒品和香菸，來破壞我這精美的設計；有更多的人在攝取這些明知有害的物質之後，也不透過良好的運動習慣來淡化害處，直到身體發出警訊，然後透過粗暴的手術割除我原先精美的天工……

所有的這一切，都是因爲不明白來自宇宙造化的愛，而這份不明白將會是有代價的，因爲你們其實並非不明白其利害，而是知其不可爲而爲之！因此你若不是在身體上有了病痛，便會是在財務上出現問題！儘管那份財務上的問題表面上可能只是來自股市下跌的損失或是失業，這一切卻都和你們漠視自己的健康——源自於我完美的造化有關。要知道，「貧」和「病」是不分家的。於是，有人因此住進了醫院，由那些自認爲是科學家的醫生，用充滿傷害與粗暴的手術和有毒的藥物對待身體；有人則是陷在深深的負面情緒中不可自拔……

如果你曾有任何一種不愛惜自己身體的習慣，就不要奇怪這些事爲何會發生。雖然你不只是一具身體，實相的你比一切的總合要大，但你仍需好好維持這個載具，直到它不堪使用爲止。事實上，我設計的身體使用期限比你們目前的壽命要長很多，當你意識到你就是奇蹟時，任何時候當你開始終止惡待身體，迎向健康，債務的缺口會戛然而止——如果你正在負債，然後你會發現一些新的機會有助你塡平債務缺口。除此之外，更不要說運動帶給你身體與頭腦的欣快感，更能幫助你在償債的路上走得輕省。

但是我也發現，許多有著這些不愛惜身體習慣的人，享有富裕的人生甚至和諧的心靈；而有一些人則是極度重視健康，卻沒有享受到富裕的人生。

你儘管可以舉出足夠的例子來反駁我說的，因爲你能觀察到的很有限。那些不愛惜健康的人所獲得的，都將只是暫時的，他們如果不開始重視身體，將無可避免地會遭遇到身體的反撲或是財務上的陷落。至於和諧的心靈……你眞的認爲，一個有著和諧心靈的人會傷害自己的身體？一個有著眞正和諧心靈的人，必然是和我有深厚交通的人，他明白我的造化皆是完美無瑕，又怎會刻意破壞呢？你認爲破壞身體是對我恢弘的愛的合理回饋嗎？

至於你說的那些極度重視健康的人，卻沒有享受到富裕的人生，你又怎知道，對他們而言，健康不是最大的富裕呢？要知道，「財富」的定義是很廣博的，不要陷入狹隘的思考，要用恢弘的視野去觀察。那些重視健康的人們，當他們決定要追逐金錢時，已經有了比那些不重視健康的人更優質的基礎利基了。

多虧有祢解夢，祢這麼一解釋，我完全明白了！謝謝祢！

至於你夢中的性，並非是因爲你對性有渴求。我說過，它的屬性是「愛」，那是起源於你渴望一個喜悅圓滿和有愛的人生，並不單純只是性的欲望而已。

一直以來，你之所以無法獲得令你滿意的伴侶，這是因爲你從沒有深入沉澱你的想望；你渴望愛，但你卻是向外求，從沒發現自己內在那充沛的愛能量。這部分要提醒你的是：在關係中，你不能只應用下半身的感官，那樣的喜悅稍縱即逝；愛要先於性，愛是因，性是過程，而天堂（高潮）是結果。然後，這結果又連上愛，如此循環不已，方能讓有愛的生命生生不息。

還說呢！我現在連伴侶都沒有……

那就先和自己墜入情網吧！我注意到你還蠻善於獨處的，你在孤單中並不感到寂寞，對吧？

是沒錯！我總是能找到很多事情做，只是我還是會希望身邊能有個親密又能說話交流的人……祢該不會讓我孤單到老死吧？

之前你無法吸引那令你滿意的對象進入你的生活中，除了因為不懂愛之外，還因爲你沒有良好的運動習慣維持健康的體格，因此也只能吸引相對應的女子。而現在，我知道你將會有所不同，你的伴侶將會出現在你生命中，你不會孤單到老死的！

我一直以為，女人是不需要視覺刺激的……她們是感覺重於一切的。

不然你以爲是什麼激發女人的愛情？我說過情感是屬身體的，你們認爲男性是視覺性的，其實女性也相同。男性透過視覺引發的是性衝動，那是出於雄性動物的繁衍基因；而女性則是綜合視覺、聽覺、觸覺三方的感覺，來對男子引發仰慕之心，產生吸引對方渴望與之互動的念頭，是這個念頭讓她願意靠近男人，最後寬衣解帶。不論視覺、聽覺、觸覺皆屬感官層次，儘管感官層次經常出現錯覺，但依然無損健康法則成爲人際關係中第一時間的吸引力法則。

健康一詞有諸多的意涵，包括外在的、內在的、心靈的，也就是身、心、靈三方面。生活中有許多的層面都與這三方面有關，如果你夠留心，你將會有許多機會發現到它們三者之間的關聯；而只有在這三部分都能一致地和諧運作，你才能夠進入合一的狀態，宇宙的大能才將爲你開啓。

你的意思是，如果我要吸引到讓我滿意的對象，我首先要有健康的身心靈，然後透過運動獲得好身材，這樣才能散發正面的性吸引力，否則就只能吸引到非我滿意的對象，沒錯吧？

是的！關於運動，女性會受健壯男子吸引也早已經深入基因，就算嘴巴上說「肌肉男好噁心」，但眼神仍會不時隨之轉移，眼睛是不會說謊的。在遠古時期，人類與大自然競爭，與野獸搏鬥，若沒有良好的體格則無法生存；因此女性爲了確保後代的繁衍，會選擇生存機會大的健壯男子與之結合，這一份選擇逐漸成了女性的基因。因此你要知道，若是沒有優良的體格，則你無法有夠多的優勢吸引伴侶；有了優良的體格，你將會吸引到優質的對象，這是關於健康表現於外在形象的吸引力法則。

所以健身是為了泡妞……哈！只是我知道更多的女人會以「財力」做為擇偶的條件。

健身好處很多，但如果那是附加價值之一，你難道不會躍躍欲試？至於「財力」，一個身心靈皆處在合一狀態下的人，遇到財務問題的機會會少得多。不論從事任何行業，皆可以正當「吸引」輕盈獲利的機會，這正是合一的吸引力所帶來的豐盛。

身體的部分談完了，那麼，該如何在情愛關係中建立心靈的區塊呢？我注意到，很多彼此心靈能量不相當的伴侶，最後都走上了分手一途，過去我也是其中之一。

當關係已經建立，性的活動再重要也占據不了多少時間；更多生活中的互動與事件的碰撞，舉凡愛的觸碰、體貼、默契、包容、溫和、溝通、陪伴……便是關係中「內在」的部分。那被稱之爲「愛」的交流，是關係能長久維持的決定性因素，那便是經營之所在；**性吸引力能讓關係開啟，卻只有愛的交流能讓關係持續**。

請注意，我沒有提到的一點是——自由！不要忘記，眞愛是自由的。愛的能量不能被限制流動，否則就像一攤死水一樣發臭；不要用任何方式限制你的愛侶，舉凡暴力、威脅、恐嚇、人身攻擊……因爲那都不是愛！當他或她要與你以外的異性一同出門，不要制止，不要擔心，更不要緊迫盯人，因爲在**真愛裡有信任，因為信任，你可以讓你愛的她全然的自由**！

但，要是對方濫用了這一份信任和自由怎麼辦？

你永遠要信任一個人，直到他不能被信任為止。關於自由，有一句話叫做「隨他去」！那是你所能給予對方最大的自由！也是她在愛裡所能提供的最大奉獻。

即便他要的「自由」是傷害他人，也隨他去？

所謂的自由，並非是無限上綱地毫無限制，那將會爲自己和他人帶來災難。在學習「自律」當中，你們需要規範，否則你們又怎會需要法律呢？法律是最低的道德標準，目的是提醒人們：**「沒有自律的自由並非真正的自由。」濫用這份自由，自由將會消失**。而自由卻是你可以給予對方最起碼的尊重；逾越了這一點，你們有足夠的社會資源可以制衡。尊重是靈性合一與一體性社會的第一步，那表示不再有「你低我高」、「男尊女卑」，或是可笑的「種族歧視」。尊重意味著，觀察那一份彼此不同的差異性，並欣然接受。

我好喜歡祢這宏大的格局，但是我確實懷疑人們能做到多少？祢知道，每天光是這一類因為「不尊重」對方所引發的社會新聞就有多少？

從自己做起！而永遠不要用你手上的尺去衡量他人，也不要用你學到的去要求他人。誰眞正有權柄做這事呢？各自的生命都有其選擇的道途和歷程，冷暖自知，既然不足爲外人道，旁人又何必說三道四呢？畢竟一人一套活法，各有自由意志做選擇，也各自承擔其因果；如果對方是你周圍所愛的人，你也不需加以干涉和約束，只要在一旁關注與陪伴，在他眞正最需要時伸出援手，而非不時的干預。

真正的慈悲並非只是聞聲救苦或是廣為布施，而是透過一份對自由的尊重，允許對方盡情地經歷他該有的道途，讓他因爲這自由的歷程，而有機會在靈性上逐漸達到清晰，終至合一，周圍的人只需扮演加油者或被動的支援者即可。

尊重包含一切的範圍，小到身體，大到生命歷程。你們有許多的父母，甚至到孩子已經成年，還凡事以愛爲名加以干預，完全不清楚，即便在你眼中看來多麼不成熟的孩子，也是有需要獨自前行的人生道路。過度的干預不只制約了孩子的思維，也讓父母的角色失去眞正的意義。

要是對方那「生命中該有的道途」就是我眼中看到的絕路，我難道也只是「關注」？好比周圍有人吸毒，戒不了，眼看就是絕路了，我難道也不應該協助他？

問得好！撇開法律層面，會去吸毒也是他預先設定好的生命藍圖。很不幸，但你仍須尊重！直到對方主動開口求助放棄吸毒，你可以表達關心給予建議，但仍需要超然地看著他沉溺，等著他自己受夠了而「主動」求助；並且不在情緒上與之同行，更不能與之同悲，否則那不是慈悲，而是愚悲。甚至自己都會深陷其中，而無法繼續該有的生活，那幫助要怎麼繼續？

難道我們都要這樣的「絕情」？面對這些對方正身陷的絕境，我不能主動點？

在這個例子中，你的主動才是絕情，除非對方有明顯表示呼救的意圖，你的任何協助都只是徒勞；尤其是他正樂在其中，也不會認清你的協助有何助益。但是換個場景又不同了，如果有人誤入有鯊魚出沒的水域游泳，你確實應該在鯊魚出現之前就事先提出警告，因爲他可能沒有機會呼救。所以，**「關注」不是問題，「適時」的提出才是關鍵**。

關於戒除某些成癮性物品，我們都會傾向主動，通常都是不等對方開口要求，周圍的人就會涉入提出勸告，而毒品甚至會由法律強制介入勒戒。祢知道的，我曾經前往監獄對煙毒受刑人演講……

你注意到我剛剛用的是「放棄吸毒」而不是「戒毒」。不論是毒品、香菸或酒精，凡是受「戒」，就表示並非出於己願；只要是自己不願意的，在勉強中一定會產生痛苦，那痛苦甚至超出沉溺這些物質所帶來的。因此「戒」往往效果不彰，只有等他「自願放棄」時，你的協助才會出現事半功倍的效果。畢竟自己的意願還是要強過他人，當你加諸一個「戒」字，他的痛苦又多了一重。

但是我們的宗教幾乎都有設定「戒律」。這跟祢說的不太一樣，他們認為「戒」是導正行為和提升自我的重要方式。

宗教裡所謂的「受戒」是一種生活的態度，而非約束與限制，著重的是藉由「不取」走向「非取」，完全在一開始就是自願而非被迫的。因為這一份自願，「戒律」的存在不會形成限制。

何為「非取」？

那是一種已經超越這相對世界的境界，也就是「做不是做」、「拿不是拿」、「吃不是吃」。所謂非取、非非取，既不是拿，也不是不拿，做了像是沒做，在心中完全不留一點痕跡，過去不留；最後甚至連念頭和執著也消滅，達到「無爲」、「無欲」，這已經是接近神性的極高境界。

神不執著？

一點也不！我由著你們！而且我沒有任何需求，**我只是無盡的愛。我的創造莫基於此**，並不是因爲你做了或沒做什麼。

宗教一開始就存在戒律了嗎？

就宗教而言，所謂的戒律也是逐步在歲月中形成的：當發現，透過不做某些事，更可以趨近於那偉大的不可見者，他們於是甘心喜悅地放下了欲望。

但即便是這樣的「放下」，仍然是「有求」對吧？為了趨近那偉大的不可見者或是為了開悟……

是的！即便是這樣神聖的欲求也是一種貪婪，仍受制於這小我的幻境中。所以，**要真正的開悟合一，必須要「萬緣放下」，連開悟合一的念頭都不要有。沒有念頭就不會有分別心，沒有分別心就沒有執著妄想，沒有執著就沒有痛苦，**離苦得樂便得究竟涅槃。

祢的意思是，想都不要想，自自然然地就可以開悟？

如果你的「自自然然」是指一切思、言、行皆合於天道，那麼是的！只是我要告訴你們的是：你們其實都已經開悟了！

祢在說笑吧？

是的！你還有所有正在閱讀的人，和正在忙於其他事情的人們，眞相是——所有人。

是嗎？那為什麼我沒有頭頂放光或是具有異能？

誰告訴你開悟會有那些現象？那不過是經典上華麗裝飾的形容詞。所謂的開悟就是一種對生命的領悟，那是一個過程，如同你們每個人都正在經歷的人生一樣。其實所謂的**「悟」並沒有大小之分，只要有一份願力與悟心，任何小小的領悟都可以引領你到生命永恆的究竟**，所以才說一粒沙中有三千大千世界，可以從最細微處悟至虛空。

二元世界本不爲眞，只是你們難以超越這二元的幻境，一再地陷入，以致延遲了回家之路。不要把開悟或是眞理想得太複雜，它或許不容易做到，但是眞理卻可以很簡單。

你們當中誰不曾有過在某件事上產生「領悟」的經驗？其實那便是開悟的過程，只是當下你們沒有聯想到這上面；即便連上了，還加上了大悟小悟的分別心。**其實以無分別心來看，你們都已經開悟了**！只是，距離究竟之門的遠近，要看你們是如何在這萬千變化的現象界「見色悟空」、「悟後起修」，最後達到究竟之門。

哇！我喜歡祢的說法……

謝謝！我接受你的讚美！

我一直對「超然」與「慈悲」之間有著疑惑。這兩者應該是衝突的，為什麼可以同時存在於一位已經了知神性的人身上？

你以爲超然是冷漠無情嗎？讓你困惑的是，既然冷漠無情，又何有慈悲呢？不，不是的！超然只是對結果保持開放的態度，並且在情緒上不與之同舞，同時保持清醒的覺察。一個眞正超然的人，必是平靜祥和的；而在超然中有清楚覺察的人，也必是慈悲的。正因爲他可以對一切眾人的情緒感同身受，因而必須要有凌駕眾人情緒的內在修爲，**正是因為「覺有情」，因此不動情，不起舞**，否則就無法發揮協助的能力，而那態度除了超然，還能是什麼？

謝謝祢告訴我這麼多和情愛、靈性有關的知識。我會先愛我自己，然後在「她」出現後，將這一份愛延續到她的身上……

而關於愛，當你終於找到渴望的伴侶，在愛與性的持續融合、累積下，你們於是在靈性上成了伴侶；你們像是雙蕊的蠟燭，燃燒也照亮彼此，性愛也豐富了生命。到達此狀態的你們會發現，彼此就是唯一，儘管周遭仍有許多異性，對方卻是那唯一願意與之共度和分享一切的；在你們眼中看見的只有對方，甚至願意爲對方不計代價地奉獻付出一切……啊！那就是超越之愛、昇華之愛、無求之愛……已經近乎絕對之愛了！這是你們在相對世界中所能創造與經歷的最大奇蹟——那便是愛的奇蹟！

哇！被祢形容的……祢說得真好！我幾乎已經「看見」那一份愛……真是讓人嚮往！

你看見是個「雙蕊蠟燭」吧……所以你現在是不是該眞誠地面對自己的愛情了？

祢的意思是？

既然你動了眞情了，也超越了迷戀，爲什麼要壓抑呢？尤其是在你已經與你內在合一之後，你更不須如此。

我該怎麼做？

去愛她就是！好好眞眞切切地愛上一回！在那人出現時……

嘿！這又不是我一個人的事！也得要人家有意思不是嗎？

我的孩子！愛可以是雙向的交流，也可以是單向的流動；你愛她是一回事，她會不會愛你或是愛不愛你又是另一回事。既然你已經不執著於結果，那她將如何回應你，就無須在意；即便她拒絕你的愛，你仍然保有你的愛，她的拒絕並不會減損你愛的精純。你當然可以愛她，這是你的天賦！

當我在愛情裡，我可以渴望獲得愛情的回應嗎？

愛可以是悄然無聲的，愛情的極致也可以做到無求。當你在心中愛上一個人時，你需要告訴她嗎？或是你可以默默地爲她獻上祈禱，默默地祝福，然後再偶爾給她一個小驚喜，當她需要時，你也提供有力的協助。這些難道不是愛情的展現嗎？

愛是宏大而一體多面的，並不限定於怎樣的形式，不要制約了愛的可能性；只要你不執著於「獲得」，你就永遠可以品嚐愛情。要求回報的愛情是有條件的愛，若愛是有條件的、有所求的，那就遮蔽了愛的光芒，消滅了愛的本質；確實地說，是褻瀆了愛！

愛是幫助你們在這世間找到回家之路的指標，因此，去經歷吧！去愛吧！用你一切的可能去展現愛的美好，眞切的發現愛的本質，不要辜負了這一份得來不易的神聖。若你已然成就那一體性的存在，則你已經用愛，將萬有含納在內……也同時擁有了她和她們的愛。

愛也讓事事圓滿無礙！我賜下我的祝福給你和每一位正在閱讀的人，都在此生，透過選擇而經歷最美好崇高的眞善美之愛；並透過這份愛，體驗與我合一的到來！

謝謝祢這幾個月來的諄諄指導。這些日子發生許多事情，我知道這事是必須要有的。若沒有事件的碰撞，無法激發我對祢的提問，更無法藉由回答，使我學習並使更多人受益。祢的愛我永遠跟隨，我雖然行過死蔭的幽谷，也不怕遭害，因為祢與我同在……我仰仗祢的引領，祢的杖和你的竿都安慰我……我愛祢！謝謝祢！

請不要忘記我是愛，
是你的愛，
也引領你去愛。
透過這一份愛的宣示，
做爲你們與我合一的見證，
在山邊，在水邊，
在眼目所及之處我們因愛而融合，
分別的意識也將因愛而消除。
天上的星群爲愛閃耀，
地上的萬物受愛滋養，
你們早已永恆地存在我豐富的浩瀚裡，
這是我對人類愛的承諾，
永不變異……
阿們！

〈修訂後記〉

那一年，我們一起遇到的耶穌

二〇一〇下半年，如同我在《老神再在II》當中說的，我陷入了一場迷戀——單方面的。有過類似經驗的人，就會知道那過程有多折磨人，但清醒之後，會發現一切其實不過都是自己內在小宇宙上演的一齣「史詩愛情文藝大悲劇」，主角是自己，卻硬把不相干的人當成女主角。

數面之緣，情不知所起，竟一往而深，直到不可自拔。人家對我無感，用相應不理做為答覆本是自然，但當時望而不即、求而不得的失落和困窘，實在有如身陷囹圄，痛苦萬分。正在寫的書也因這場單方迷戀而陷入停擺，日子揪心、焦慮，一切都處在膠著狀態。現在回頭看，整個迷戀的過程竟像是一場如煙似幻的夢。

怡婷當時和我只是因為拍攝影片結識的普通朋友，她就是書中的「E小姐」。某晚，我們約在一個燒烤店吃宵夜，她用女性的視角幫我分析盲點，用摩羯座特有的實際面提點我，讓我在那短暫的失意狀態下有被人同理的溫暖。一週後，我忽然恢復正常，心情、作息回到常軌，寫作繼續。

雖然「夢醒」於怡婷功不可沒，「老神」也沒少提點。在迷戀當中，祂甚至曾經告訴我：「這兩位女子中有一位會是你的伴侶。」不過當時仍陷在不被接受的痛苦中，看不見那人早在燈火闌珊處。問題在於我和E小姐彼此並不來電啊！大概是老大看我遲遲沒有採取「正確的行動」，就在二〇一一年一月八日晚上，怡婷在MSN上敲了我……

這無論如何絕對是個神蹟！因為以摩羯座的理性實際，實在沒有理由這麼戲劇化的開始一場愛情。她敲我時，我們還是互稱「謝先生」、「郭小姐」，怎麼才過沒幾個鐘頭，已經「在一起」了！沒有預告、暖身，也沒有彩排，直接脫單。多年來，我們和所有伴侶一樣，有過齟齬爭吵、意見不合、憤怒冷漠……但是我們沒有忘記老大把我們的手牽在一起，沒有忘記彼此的愛要擺在是非、好惡、習氣之前。

至今我們已經邁入第九年，走過許多地方，共同經歷許多風雨，在朝夕相處下明白了對方的脾性，適應了彼此的性格，寬容了不合宜的對待，然後，愛還在，而且以不可替代的狀態存在。若說我此生有幾個做得最正確的決定，那一晚發生的事絕對排得上第一名。

我們倆其實都不是在生活中好相處的人，我是說本來。但現在，我們的愛都已經覺醒。

有一年平安夜，怡婷曾以她的視角在臉書發表一篇文章，描述我們交往當天所發生那段故事。囿於篇幅，這裡只摘錄部分：

……某天下班後十分疲倦，回到家想讓自己坐下來靜心，但不知爲何怎麼都靜不下來，腦海只不斷浮現一個聲音：「去找謝明杰，去找謝明杰。」有點像被電到一樣。……靜坐進不了情況，於是就不坐了，我打開電腦登入MSN找人閒聊，沒想到同一時間，明杰也登入了。不知道哪根筋不對，我開口就問：「可以去找你聊天嗎？」他竟也不加思索地說：「好啊！妳過來我這吧！」

到了明杰家，一杯威士忌已經倒好……我提到當時讀到一本愛不釋手的書《靈性煉金術》，滔滔不絕說著這本書帶給我多大啓發。明杰安靜地聽著，忽然問他說：「妳知道耶穌現在就在這裡嗎？」

「耶穌現在就在這裡」這句話引起我的憤怒，我心想：「噢！祂在這裡嗎？那又怎樣？我感覺不到啊！」……對著空氣挑戰耶穌的當下，我內心認定什麼都不會發生，過去我早已習慣祈禱不被應允；但是，這一次不同，當我說完之後，我迅速感覺到一股不一樣的能量降下並包圍住我，那個臨在帶著一種非常巨大的溫柔、理解與愛，祂知曉你的一切，原來在書上講的「無條件的愛」是這種感覺！……此時，我分裂成兩個部分，一邊臣服於神性觸碰的經驗，於是我哭得無法自拔，另一邊則是頭腦在問：這到底怎麼回事？我怎麼了？

……我大概在那個狀態裡四十分鐘，從沙發跌到地板，再爬回沙發，明杰在一旁靜靜看著一切發生，直到我哭到沒力氣了，終於能慢慢平靜下來，他一邊貼心遞給我幾張面紙，一邊緩緩吐出一句話：「我們在一起好嗎？」再度把我推向驚嚇的頂端。……我完全失去了魔羯座理智思考的能力，根本沒想後果就順著這個流說：「好。」（只能說這不是我的個性）

於是，我和明杰進入一場生命最大的冒險，我們是交往後才學習如何愛對方。雖然這一切很不合邏輯，但內心卻有一種篤定，好像命中註定就該如此。……後來祂老人家沒有再像那天那樣隆重登場，但我卻能在生活的微小處看到祂的精心布置，我和祂的連結不曾中斷，祂已在我的生命顯現太多奇蹟，畢竟連媒人祂都親自跳下來做，眞的是我想像不到的奇蹟；而在今天，我要誠心地說：謝謝祢，耶穌，謝謝祢教導我的一切，我愛祢，我的導師，我的兄長。那晚的威士忌，敬祢！

欣聞本書改版，特為序！

謝明杰

讀者迴響

很多朋友在看完《老神再在》這本書後的反應是「那我要如何與神交談？」「為什麼我聽不到神的聲音？」

《老神再在》最美的部分在於，它不是一個人類與「一位神」之間的對答語錄，它並不是要將人們信念中「震怒的神」變成「充滿愛的神」，更不是要強調某種特殊的溝通能力。而是希望每個人都能經驗到，當我們有意識的休息於內在本我的經驗中，所有的智慧及經驗都會從中展現，所有一切的源頭皆來自本我，來自神，來自我們自己最深沉也最真實的部分。這本書最純淨的智慧已經存在於我們每個人的內在。

每個人都是祂，只是我們必須要再次記得自己真正是誰。

——Priya · 國際靈修老師

— • —

「如果沒有這些對話的出現，你認為你能為自己的人生開創更高的意境嗎？你能讓自己活在完全的自由裡嗎？還更不要說解決你現在正陷入的困境。」沒錯，這本老神與謝明杰的對話錄《老神再在》，的確幫助明杰在今生得以脫困並進化；而它也是為全球中文讀者所寫的一本有關靈性成長的權威寶典。

在大學裡擔當宗教與心靈成長課程二十餘年中，也是我今生遭逢巨大挑戰的艱苦歲月，我於是遍尋各種可能有助於我脫離苦難的途徑。雖然閱讀了無數能夠吸引我的經典與書籍，也接觸了不少與我有緣的修行法門，但我依然只能置身此岸而未登彼岸。不過，我至少已經找到那由無明世界踏上光明天家的真正道路，並且幸運地也已經開始踏上這條道途。或許我大致完成了「聞」與「思」的準備工作，而終於上路「修」持。

《老神再在》這本珍貴對話錄的所有內容，不僅印證我二十多年來的所「聞」與所「思」，又能增進我目前「修」持中的信心與力量。我深深地相信，這寶典一方面有益於初學者快速掌握離苦得樂的核心要旨，另一方面也能幫助任何已經走在探索真理的道上友人。

——唐老師 · 大學教授

— • —

我出生在一個平凡不過的家庭，有一對平凡不過的父母、一段平凡不過的求學過程，接收到平凡不過的人生指導。

15 歲捨棄縣內第一高中，改到高職就讀；18 歲那年大學聯考，又隨意揀了間家裡附近的二專混時間；21 歲那年畢業，所學非用的進入電視台上班，採訪撰稿，只因當年作文參賽拿過幾次小獎。

工作了幾年，口袋銅板的聲音沒有比較響亮，前輩們唉聲怨道，說這行是窮途末路。我又想，「我要的是什麼？」有人跟我說，某科系畢業生能進入「最有出路」的行業，於是半工半讀，三年拿了一個國立大學文憑。

2010 年 1 月，畢業典禮那天我穿著學士服，但迷惑一如既往。後來我又聽聞，當公務員捧鐵飯碗，一輩子不用擔憂吃穿。我接著買了全套國考教材，一邊唸著，一邊繼續留著、聽著、工作著，在那個唉聲四起的行業。

我和作者一樣，這幾年渴求一段好的人生，卻將信念，依附在「事件的結果」，稍微努力之後，如果碰壁，就轉變信念。

「但那不是信念。」神說。我才頓悟，失敗，是我自己給自己的評論，但並不是真正的結果；我才明白，保有信念，並堅持——就像書上說的例子：萊特兄弟毫無理由的相信與狂熱，終於發明了飛機，將人類送上青天。

我永遠都會走在成功的道路上。

——張小姐．任職於科技業

—•—

有時覺得人的頭腦是很頑固的，就像明知不要帶著負面的意識生活，但在生活中遇見不如意的人事物時，常常就會難以控制，那時總覺得書裡寫的太理想化了。但我看見明杰以這樣的生活態度去面對人生，而產生奇蹟般的生命，他是生活的實踐者，讓我看見原來生命真的可以這樣過的。

「相信人生是容易的，它就會容易。」親眼所見的例子也讓我願意接納這個信念。由衷的希望這美好的意識在這世界拓展開來，也祝福每位讀者創造出自己的生命奇蹟。

——威廷．大學研究生

—•—

接觸新時代系列的第一本書是翻譯作品《與神對話》，可讀完之後總覺得隔靴搔癢。一直到接觸明杰的《老神再在》，才有一針見血的感覺。

人生總是面臨許多困境，包括金錢、愛情、工作及親情等等，這本書針對每一個項目，給出的答案是那麼的寬容、慈悲及智慧。而每個人都有他自己的靈魂藍圖，當你能找到自己的靈魂藍圖，將使你的人生豁然開朗，從黑白變成彩色，而這本書正是你的指南。

我因為這本書的緣故，認識了明杰，也成為好朋友。我發現的大祕密是，在這個世界上，這本書最認真的讀者，可能就是作者本人。因為這本書的內容，連作者剛寫完之後，也沒有辦法全然理解，因此可能沒有任何人像作者這麼用功的精讀這本書。

——George・執業律師

—・—

做為一個熱愛肚皮舞的工作者，五年多來，我獨自往返埃及二十餘趟，默默地努力讓許多台灣平凡女孩成為舞台上令人驚豔的舞者。當我隻身在埃及，面對任何艱難的處境，我再再體會，有一股神祕力量始終陪著我。

自懂事以來，我努力用各種學習管道，想要證明自己；但生活的現實，總是讓人忘了真正的自己在哪裡？明杰書中提及：「神說，嘗試著去證明自己，是愚蠢的行為！因為你本是，又何須證明？」我總是天真地在努力過後許願，然後就放著，繼續埋首於現實生活；但年年過去，我的「想要」竟一樣一樣地被應允了。

當我透過好友推薦，聽到明杰的演講，迫不及待地看完《老神再在》，驚訝於這些年來在埃及的親身經歷，及當我孤單無助時內心聽到的話語，竟與書中所提及神的話語多所雷同。之後，我更勇於及時分享這股神聖的內在力量，在我時而窒礙於人性的衝突時，總會隨性地翻閱此書，讓自己更能坦誠地面對自我。

謝謝明杰詳錄了與神的對話，讓我更堅信地去期待每一天即將發生在我身上的祝福。再一次謝謝。

——鳳姐・舞者

—・—

我與明杰是十多年的朋友，且有幾年，我們是非常交心的；雖談不上至交，但以我的人生閱歷，我敢講我算相當了解這位兄弟。

我個人是一個（至少目前是）無神論者，對一些我理智上無法信服的事，雖沒有極端排斥，頂多抱著寧可信其有的態度。人生雖非順遂，但也一直抱持著「操之在我」的信念。

已忘了哪一天，我與明杰聊天，他跟我說他有一陣子埋頭寫書，他想送我一本；他說是類似他與神的對話內容，但得到的是他厚厚一本手稿，而不是一本書。剛開始我真沒當一回事，禮貌地拿回家就順手一丟（在此要向明杰說聲抱歉）。之後他常問我看了沒有，我都應付性的跟他說：「在看，在看。」其實我當時覺得蠻煩的，但我也不認為明杰的東西能對我有任何幫助。

就在一個晚上，我拿起來準備好好看一下（總不能一直呼嚨他我看過了），這一下看到凌晨四點；之後又看了兩遍，我只感覺這本書除了他與神接觸那段有點超出我的理智範圍外，其他都是非常具體的人生哲理。其實我當時心情非常低落，以一個讀者的角度，我覺得明杰好像在幫我向神問問題，神在對著我回答。〈真愛的定義〉與〈世間的法則〉這兩章讓我宛如大夢初醒，竟然看到我落下眼淚。這事連明杰也不知道。

我要再次強調，我與明杰不是陌生人，也就是說，明杰在我心目中是個什麼樣的人，我已有既定的定位；我完全無法把我認識的明杰和書中的文筆與哲理連在一起。這是神蹟嗎？還是我不了解明杰呢？當然以上兩個都不是我會妥協的答案。此書貫穿哲學、歷史、人文、宗教等，遠遠超出我個人學養範圍之外，但我的直覺是：不是抄的！我還特地拿給一位對這方面非常了解、看遍這類心靈書籍的朋友看，沒想到他看完後非常激動，一直叫我介紹明杰與他認識。當然在這同時，明杰也為這著作開了部落格，得到非常大的迴響。直到有一天，他跟我說商周希望能發行這本書，我觀察到他的人生越來越順遂，談吐、個性越來越成熟，此時我也不管是不是神蹟了，做兄弟的我與有榮焉。

現在第二本要出來了，我是抱著與所有粉絲一樣期待的心情，先預祝成功，更急著閱讀，不知老神又要對我有何開示了，期待 !!!

——吳先生・資訊公司總經理

認識謝明杰超過十五年了。剛認識的時候，我們倆都很年輕；一起努力工作了幾年，兩個人對生活都有很多想法和期待，很多東西想去實踐跟執行。只是，當時好像都沒辦法如願。

離開了當時的工作環境後，斷斷續續有聽聞一些他的狀況，挺顛沛流離的。這十多年下來，我們共同的特色大概就是生活裡的起起伏伏，一路跌跌撞撞（當然，他撞他的，我撞我的）。

將近十年的時間，我跟他是沒有聯繫的。因為過去工作上的親近，時常會想到他，只是從來也沒付諸行動去找過這個朋友。因著網路之便，又遇到他；也因為這個原因，我有機會「從心」再去認識他。

再遇到他，已經是出了一本書的作家，跟我原來認識的人不一樣了。碰了面，聊了天，到底不一樣在哪？說不上來。在好奇心驅使下，我去買了他的書回來看。

書看完，我從一個讀者的角度來認識我的朋友。讓我覺得棒的地方是，在書裡面，有很多是他真實面對自己之後，從新的角度跟觀點面對同樣的事，卻可以走出截然不同的美好；更重要的，可以讓接觸到的人有機會也過得很好。

十多年的跌跌撞撞，有很多想改變的地方，卻一直沒法改變；有很多的不滿情緒，卻一直跳不出那些情緒；很多不斷重複發生的模式不希望再有，卻一直不停重複再發生……到前幾年上了課之後，慢慢地可以開始察覺到自己怎麼運作自己的行為，哪些東西全是自己搞出來的。

我有一群一起上課的朋友，跟我有著同樣的語言，但我沒想到的是，在明杰的書裡，我看到了熟悉的身影，那純粹是種心理層面交流的感受。

生活裡所有的想法、信念，都可以透過觀點的改變，然後有更好的過程，只要你真心的願意去創造跟相信，就會經歷到。

希望能有更多的人可以讀到這些很棒的想法，從而真正轉為可以成為自己生命的主宰。也希望他跟神的對話，持續不停……可以讓更多的人有機會享有更豐富的人生。

——陳先生・科技公司負責人

從《老神再在》部落格出現，到實體書出版，當時我並不知道，這本書會改變我的人生。

向朋友推薦這本書時，我偶爾會開玩笑說：「看完這本書，可能會分手，不然就是會換工作哦……」但事實上，我發現這些課題裡，都有著莫大的禮物。

讀完這本書，我不斷問自己：「難道人生就這樣嗎？」慈悲的老神，聽到那個想要改變的聲音，展現了一連串的事件，幫我剝落不再需要的關係與工作。明杰身上發生的奇蹟，一樣可以發生在每個人身上，前提是：我們願意直視生命的恐懼。

每天，我們在網路上看到多少值得喝采的人生、聽多少勵志故事，我們看別人活得很出色，卻不覺得自己會像他們一樣。有多少人每天看著這些激勵故事直到老死，自己卻從來不願意改變？到底是為什麼，我們總覺得自己不行？

「你的恐懼在哪裡，你的力量就在哪裡」。去照見自己最恐懼的地方，然後改變它，哪怕只是用微不足道的方式；只要踏踏實實、持續不斷去做了，我們就是向上帝有力地宣告：「我可以！」上帝做工如此精細而恢宏，祂會給的，遠遠多過我們的小腦袋所祈求。

《老神再在》這本書充滿了奇蹟，但是奇蹟不是空等來的，它需要人的意願。問自己，我們真的敢讓奇蹟發生嗎？一切都等自己願意面對恐懼，勇敢改變生命的元素，最後因緣聚合，它們會形成一個又一個的奇蹟。

其實最奇妙的，是那份勇氣。哪怕是一個人去旅行、放掉一個不愛自己的人、離開早已不適合的工作……每一天我們都能為自己實驗，跨出舒適圈，嘗試一些「我以為」不能做的事。不斷去做，回頭時，會發現我們已經走了好遠了。

最後，感謝明杰、感謝這本書，幫助我正視恐懼，並且有勇氣去改變。在這場生命遊戲裡，我們都是勇敢的玩家，而我也知道，在老神充滿愛的引導下，我們已然是生命的贏家。

——Eunice・媒體工作者

在心靈孤寂的時候，我再也無法感受到喧鬧吵雜和淡雅悠閒之間的律動，就好像靈魂進入一個死寂裡，觸碰不到生命的喜悅。這時，終於讓我注意到了無時不在的老神。

這天，在一間很幽靜的文藝中心認識了明杰，同時也遇見了《老神再在》，我的心智安分的選擇了縮小，我那沉寂已久的靈魂終於被觸動了，那份感動在此時此刻依舊在心中迴盪著。

我點了一杯加重肉桂粉的卡布奇諾，在濃濃的異國特殊香料味裡翻開了這本心智與靈魂搏鬥的對話錄，老神的一句：「你需要誰來判斷你的價值嗎？」就簡簡單單的把我好不容易鞏固起來的心牆瞬間瓦解。當下有種我是被了解、心靈受到安撫的悸動。

接下來幾天裡，我翻閱著這本對話錄，重新深入探索內在的自己，我的心靈也在這幾天重新洗牌。洗牌後的心靈需要重整歸位，我毅然決然報名了不算便宜的「內在精純之力研討會」心靈開發課程。我喜歡用「開發」的字眼，因為這時我還是雜草叢生的心靈，需要來場去蕪存菁大刀闊斧的開墾。

朋友笑我錢太多，上這種無術之課，或是會用金錢衡量這課程的價值。當時我沒思考太多這類的話語，我是準備抱著放空的心態重新注入心靈能量。

上完兩天課後，朋友問我：「有那個價值嗎？」我說：「沒有價值衡量標準，因為無價。」朋友反問：「無價的標準是什麼？」我舉個例說：「一個人飢渴到已經無法維持生命時，這時讓他尋見水源或是食物，這水源和食物是可以衡量的嗎？」當下我們之間不再說話，剩下的只能心領神會了。

在還沒有覺悟的境界時，我們會被所遇一切為之所動，神魂顛倒或是心神不寧，所以常常必須要重新清掃洗滌我們的心靈：

- 早該放下的是不是還停留在心頭？
- 需要被珍視的是不是還被刻意的漠視？
- 累積的情緒有得到釋放了嗎？

至今我還是習慣在只剩鐘聲的睡前那段時間，翻上幾頁不知看了多少遍的《老神再在》，這會讓我有種擦拭掉塵埃後的玻璃一樣潔淨透亮的舒暢感。

——愛玲．養生 SPA 中心負責人

謝明杰

1972 年 1 月 29 日生。台北市某私立高職夜間部畢業。個性剛直鐵齒，桀驁不馴，常以逞口舌之快為能事，得罪過不少人；換過多種工作，儘管十分努力，每天卻仍活在被催債的壓力與生存的恐慌裡，忘記了生命的樂趣與希望。2008 年 5 月某一晚，一場生命的奇遇讓他與「神」展開了對話，而在記錄出版《老神再在：奇蹟對話錄》這本書之後，他生命的外部開始出現巨大的轉變。

2011 年的一場迷戀使他寫下了《老神再在 II：愛的覺醒》，也因此進入一段穩定而甜美的關係。這兩本神來之筆的書籍，讓默默無聞的他在身心靈圈聲名大噪，陸續也幫到了許多有類似生命經歷的人。

他自幼異於常人但不被接受，於是叛逆地過著並不美好甚至是晦澀黯淡的日子，而透視真相的眼睛也因此讓他累積出更厚實的生命經驗。直到他學會「接受」，生命才開始有了光亮。他相信靈性要落實在生活中，老天沒讓他離開是因為工作未完，責任未了。現為「內在精純之力」工作坊創辦人，奇蹟實驗工作室負責人。

在身心靈圈中，他是一個很另類的人，從不自稱老師的他，鍛鍊出一身的肌肉並且刺青，是個光頭刺青大漢；但古道熱腸也熱愛小動物，喜愛運動、旅遊、交友。自認沒有藝術細胞，卻喜歡附庸風雅的品茶和欣賞藝術創作，對於箭道、武術亦有高度的興趣。

有意認識他或參與工作坊、邀請演講，參加「謝明杰全球讀友會官方平台」或是「一對一催眠式諮詢」，都歡迎透過下方連結私訊聯繫他。

➲ 謝明杰個人臉書頁面：

https://www.facebook.com/mingchieh.sia

➲ 謝明杰臉書粉絲專頁：

https://www.facebook.com/mars5477/

➲ 其他著作：《老神再在：奇蹟對話錄》（暢銷修訂版）、《老神再在 III：破繭而出》、《懂你自己，才能做你自己：謝明杰不專業修行筆記》

國家圖書館出版品預行編目資料

老神再在II：愛的覺醒／謝明杰著；——初版. ——臺北市：商周出版：家庭傳媒城邦分公司發行, 2011.5
面；　公分. ——（Open Mind;14）

ISBN 978-986-120-769-8（平裝）

1. 靈修 2. 愛

192.1　　100006614

Open Mind 14X

老神再在 II（暢銷修訂版）：愛的覺醒

作　　者／謝明杰
企畫選書人／彭之琬、徐藍萍

版　　權／吳亭儀、林易萱、江欣瑜
行銷業務／周佑潔、黃崇華、賴玉嵐、賴正祐
總 編 輯／黃靖卉
總 經 理／彭之琬
發 行 人／何飛鵬
法律顧問／元禾法律事務所 王子文律師
出　　版／商周出版
台北市104民生東路二段141號9樓
電話：(02) 25007008　傳眞：(02)25007759
blog:http://bwp25007008.pixnet.net/blog
E-mail：bwp.service@cite.com.tw
發　　行／英屬蓋曼群島商家庭傳媒股份有限公司 城邦分公司
台北市中山區民生東路二段141號2樓
書虫客服服務專線：02-25007718；25007719
服務時間：週一至週五上午09:30-12:00；下午13:30-17:00
24小時傳眞專線：02-25001990；25001991
劃撥帳號：19863813；戶名：書虫股份有限公司
讀者服務信箱：service@readingclub.com.tw
城邦讀書花園：www.cite.com.tw
香港發行所／城邦（香港）出版集團有限公司
香港灣仔駱克道193號東超商業中心1樓_ E-mail:hkcite@biznetvigator.com
電話：(852) 25086231　傳眞：(852) 25789337
馬新發行所／城邦（馬新）出版集團【Cite (M) Sdn. Bhd.】
41, Jalan Radin Anum, Bandar Baru Sri Petaling,
57000 Kuala Lumpur, Malaysia.
Tel: (603) 90578822　Fax: (603) 90576622　Email: cite@cite.com.my

封面設計／張燕儀
排　　版／極翔企業有限公司
印　　刷／韋懋實業有限公司
經　　銷／聯合發行股份有限公司
地址：新北市231新店區寶橋路235巷6弄6號2樓
電話：(02)2917-8022　傳眞：(02)2911-0053

■2011年 5 月 3 日初版　　Printed in Taiwan
■2022年 10 月 25 日二版2.5刷
定價320元

城邦讀書花園
www.cite.com.tw

 ISBN 978-986-120-769-8